KB047303

불행하라 오로지 달마처럼

끝까지 가본 사람, 달마의 인생 공략집

웅연 지음

불행하라 오로지 달마처럼

불광출판사

저자의 말

선불교, 선문화, 간화선, 선서화

등등. 우리가 알고 있는 선禪은, 보리달마가 창시한 선종禪宗에서 유

래한다. 그러나 선종을 완성한 6조 혜능의 영향력이 워낙 거대해,

외려 초조初祖에 대한 불교계의 관심은 성긴 편이다. 환영과 풍문으

로만 떠도는 달마의 실체적 진실을 잡아내겠다는 요량으로 집필에

나섰다. 자족과 검약, 달관과 초연 따위가 열쇠말이다. 밥으로든 죽

으로든 어떻게든 살아있음을 긍정하는 것. 자기에게 뿌듯하고 남

에게 짐이 되지 않는 길이다.

달마는 '달마도'로만 유명하다. 흉화를 없애준다는 그림의

위세에 짓눌려, 그의 말과 삶은 산산이 흩어졌다. 대부분 잘 모른

다. 이 책은 인간으로서의 달마를 복원하기 위한 작업이었다고 요

약할 수 있다. 전설 속의 달마는 신비롭지만, 현실 속의 달마는 누

구보다 쓸쓸했다. 참다운 자기다움을 지키려 애썼고, 혁명을 꿈꾼

죄로 죽어야 했다. 1,500년 전 달마의 용기는, 욕망의 부속이자 체

제의 파편으로 살아가는 오늘날 인간들이 바라는 용기와 겹쳐 있

다. 우리는 이런저런 껍데기를 구하느라, 너무 오랫동안 속살을 스

스로 파먹었다.

월간 「불광」에 '보리달마 공략집'이란 제목으로, 2013년 1월호부터 2014년 6월호까지 연재한 글들을 모았다. 당초 2년을 계획했으나 우울증이 발병해 손을 놓아야 했다. 휴직을 해야 할 만큼 병이 깊었다. 병세가 호전되면서 미친 듯이 달려들었다. 2편을 보태 20편을 채웠다. 표현이 거친 부분은 다듬고, 생각이 부족한 부분은 우려내면서 무더위를 보냈다. 유작이 될지도 모른다는 심정으로 임했다.

불광출판사와는 『길 위의 절』 이후 두 번째 인연이다. 자못 대중적이지 않은 원고에, '책'이라는 허우대를 입혀주신 분들이다. 늘 지근거리에서 용기와 필력을 북돋워주는 아내 역시 어여쁜 스승이다. 철없는 애늙은이의 무탈한 생애를 위해 기도해주는 가족에게도 감사를 전한다. 성수, 동현, 동민, 배문… 여러 벗들의 이름도 떠오른다. 무엇보다 마흔까지 용케 버텨낸 내가, 나의 금지옥엽이다. 좀 더 살아서 세상에 이로운 사람이 되거라.

2014년 가을을 시작하며
다시 희망으로 쓴다

차
례

2장

우리는 너무 오랫동안
속살을 스스로 파먹었다

3장

자기에게 뿌듯하고
남에게 짐이 되지 않는 길

4장

자기다움을 지키려 애썼고,
혁명을 꿈꾼 죄로 죽어야 했다

달마 연대기

서기 400년 무렵	인도 남부 팔라바왕조(향지국)의 왕자로 태어나다.
417년	불교 제27조 반야다라를 만나 출가하다. 반야다라를 스승으로 모시며 40년간 시봉하다. 스승의 법을 전해 받고 28조가 되다.
457년	반야다라 입적. 인도에서의 교화를 계속하다.
524년	고국에서의 전법(傳法)을 완료한 뒤, 중국으로 떠나다.
527년	3년간의 인도양 항해 끝에 중국 광저우에 도착하다. 양무제를 접견하다. 그의 허세를 비판하다. 갈댓잎을 타고 황하를 건너다. 그해 겨울 혜가가 소림사로 찾아와 팔을 자르다. 마음의 실체가 따로 없음을 일러주다.
536년	보리유지 삼장과 광통 율사의 사주로 독살당하다. (『전등록』은 이날을 '효명제 태화 19년 병진년 10월 5일'이라 적었다. '병진년'이란 간지를 따르면 536년, '태화 19년'이란 연호를 따르면 495년이 된다.)
539년	북위의 사신 송운이 파미르고원을 걸어서 넘어가는 달마를 목격하다.
	이후 2조 혜가, 3조 승찬, 4조 도신, 5조 홍인, 6조 혜능을 거치며 법통이 면면히 이어지다.

1

고독을
노여워하거나

불행을
회피하지
않았다

뒤통수까지
벗겨진
대머리가
우습지 않다

얼굴에 대한
사유

....
어느 날, 얼굴을 보다

과거는 멀어서 아름답고, 추억은 청춘의 흔적이므로 정겹다. 한편으론 그게 전부 인생의 무게이고 질곡이다. 과거가 희미하다고 무딘 것은 아니며, 추억의 뒷면은 상실인 법이다. 아프고 억울한 기억은 성격을 망치고 미래를 방해한다. 돌아올 수 없는 날들의 아쉬움은, 돌이키기 싫은 날들의 애달픔과 도긴개긴이다.

'사고事故'는 '사고思考'를 낳고 성찰이 쌓이면 지혜를 얻는다. 오래 산다는 건 지겨운 일만은 아닌 것이다. 그렇지만 성찰과 지혜가 겨냥하는 곳은 끝내 체념과 자족이다. 삶의 정리엔 유용한 편이나, 복원과는 거리가 멀다. 단맛은 죄다 잃은 채 장맛만 나풀거리는 것들은 날지 못하고, 혹은 날지 못해서, 나불거리기만 한다.

지금 서 있는 자리는 서고 싶지 않았던 자리다. 마지못해 서야 했던 자리이고 겨우 서 있는 자리다. 딴에 좋아했던 것들은 남들이 좋아해주지 않았고 그래서 도와주지 않았다. 결정은 언제나 늦었고, 늦어서 틀렸다. 남들과 같이 걷는 길은 불편했고, 혼자서 걷는 길은 두려웠다.

오늘날의 밥벌이는 '다행히(?)' 모든 계획이 수포로 돌아간 결과로 얻어낸 하루살이다. 미쳐버릴 것 같았지만, 미치지 않은 덕분이기도 하다. 맨정신을 간신히 추스른 대신, 고독과 기갈이 심하다. 조각난 꿈들을 얼기설기 이어 붙이면, 혼곤하고 음험한 얼굴이 비친다. 그간의 숱한 망설임과 겁먹음, 꺼림과 대듦, 물러섬과 기어감의 이력이, 주름으로 고름으로 서성이는 발걸음으로.

얼굴값은 꼴값과 무관하다

전신사조(傳神寫照). 초상화를 그릴 때 필히 유념해야 하는 동양 미학의 율법이다. 인물화의 최고봉이었던 고개지(顧愷之)는, 사람의 '형태'를 넘어 '정신'을 그려야 한다고 주장했다. 생김새를 단순히 베끼는 것에 그치지 말고, 영혼을 화폭에 담아야 한다는 지론이다. 고개지의 추종자들은 얼굴 묘사에 심혈을 기울이는 대신, 얼굴 아래는 그리지 않거나 대충 그렸다.

　특히 마음의 기氣가 응집된다는 전제 아래, 눈동자 그리기에 유독 집착했다. 공재共齋 윤두서尹斗緖의 자화상이 백미다. 옛 화공畵工들에게 피사체의 얼굴은 그의 인성이고 행적이었다. 그러므로 더욱 치열하고 엄정하게 그려야 했다. '잘 생겼느냐'보다 '잘 살아왔느냐'가 초점이었던 셈이니, 회화를 넘어 화도畵道라 높여 이를 만하다.

　그러나 잘 살아왔건 못 살아왔건 간에, 인간은 똑같이 죽어간다. 학문에 일가견을 이뤘거나 도덕적으로 흠결이 없다 해서, 얼굴의 늙음과 닳음이 지워지거나 유예되지는 않는다. '노쇠'와 '연륜'을 눈대중으로 구별하기는 거의 불가능하다. 막상 '잘 살아옴'을 붓끝으로 표현하기란, 참으로 녹록치 않은 일이란 이야기다.

　또한 사기꾼들의 면상은 대체로 멀끔하다. 외려 험상궂게 생긴 사람일수록 소심한 편이다. 세상의 끊임없는 질타와 기피에, 제 풀에 낮추고 오므린 과보다. 맑은 눈동자? 남녀노소와 빈부고하를 막론하고, 무언가에 열렬히 집중하면 눈알이 반짝이게 마련이다. 요컨대 '전신사조'란 얼마간의 주관主觀이고, 의뢰인의 권세와 '웃돈'에 좌우되는 조작이기 십상이다. 얼굴값은 꼴값과 무관하다.

팔자를 피우고 싶은 여인도, 이미 팔자가 핀 여인도 얼굴에 돈을 쓴다. 얼굴에 칼을 대고 주사약을 넣는 일이 보편화된 시대다. 얼굴의 미美뿐만 아니라 덕德마저도, 취향과 기대에 따라 조정과 제어가 가능해졌다. 이제는 얼굴을 바탕으로 정혼과 기백을 논한다는 것 자체가 어불성설이다. 웃음과 긍정이 흥행하면서, 노화와 마멸의 방치가 죄악시되는 사회다. 바야흐로, 위선이 곧 인격이다.

하기야 몰라보게 예뻐지면 활기와 희망을 얻고 삶의 생산성도 향상된다. '이왕이면 다홍치마'는 고금의 미덕이다. 다만 자신의 약점을 거세하면서 자신의 역사와 결별한 얼굴은, 정욕의 대상이나 장사의 수완에 국한된다는 것이 한계다. '이미지'나 '개런티'로서의 얼굴은 실존하지 않고 부유浮游하거나 횡행한다.

반면 노안老顔은 시름이 깊은 자의 전유물이다. 괴로울수록 생각이 많아지고 그래서 더 늙는다. 비록 볼썽사나운 열등감이나 지긋지긋한 질투심이라도, 생각의 범주 안에 포함한다면 말이다. 겉늙음은 성숙의 징표라고 확정할 순 없지만, 최소한 슬픔의 압인이다.

의학의 개입과 교정 없이, 시류와 곡절이 이끄는 대로 휘둘리고 망가져온 얼굴은, 못 생겼어도 살갑다. 맨얼굴은 외모의 중심이나 성공의 밑천이기에 앞서, 사유의 실사實寫다. 결국 갈라지고 뒤틀린 얼굴만으로도, 당사자의 생애가 얼마나 치열하고 극적이었을지 거뜬히 헤아릴 수 있다. 윤리 또는 호감이 아니라 사실이자 본성으로서의 정직. 얼굴이 아무리 꼴 같지 않아도, 우리는 기어코 당당할 수 있다.

맨몸으로 버티는 적나라한 삶의 향기

"오빠, 원One 달러. 사장님 원 달러." 인도 여행은 날벌레처럼 달라붙는 거지들과의 싸움이었다. 2월말이었지만 땡볕이었다. 현지인들은 소똥을 연료로 썼고, 짓다만 집에는 예닐곱이 모여 살았다. 그들의 젖줄이자 성소聖所인 갠지스 강은, OECD 회원국의 외국인이 보기엔 그냥 똥물이었다.

관광버스는 좀처럼 출발하지 못했다. 한 아이가 부지런한 구걸로 꽤 많은 지폐를 손에 쥐었다. 무리에게 몫을 나눠주지 않는다고, 엄마로 보이는 여자가 아이의 따귀를 때렸다. 으레 인도를 여행하는 자들은 인도의 신비를 말하고 성령을 기리나, 그것은 폐허와 혹서에 의한 착시라는 짐작.

부처님 8대 성지가 몰려있는 아대륙의 동북부는, 나라에서 가장 못 사는 부락이다. 성지순례 이전에 오지체험이었다. 불교의 치세治世에 세워진 건물들은 대부분 밑동이나 뼈대만 남았다. 열흘 넘게 이어진 고생길, 남루한 유적보다는 더위와 가난에서 만져지는 게 훨씬 더 많았다. 적나라하고 절절한 불행의 풍경은, 탈출과

요행僥倖의 꿈으로 울었다.

물론 삶 속에 도사린 필연적인 하자와 독성을 방어할 어떠한 장치도 없이, 맨몸으로 버티는 모습은 가히 숙연했다. 소가 똥을 누는 옆에서 사람이 이를 닦는 강은 더러워서 진실했다. 무너지고 버려진 밑바닥들은, 무더운 땅에 들러붙어 각박한 땅이 주는 대로 먹고 살았다. 더는 가고 싶지 않지만, 잊히지가 않는다. 가장 핍진逼眞한 삶의 조건은 중력과 지옥이며, 존재자가 순수하게 성취할 수 있는 최선의 향기는 발 냄새다.

카리스마의 '끝판왕'

한때 '달마도達摩圖' 시장은 한해 5,000억 원 규모였다. 기氣를 받으려 사가고, 부모님의 병을 고치려 사가고, 집안의 수맥을 차단하려 사가고, 아들을 대학에 붙이려 사가고, 남이 좋다니까 사갔다. 홈쇼핑에서 7시간 만에 11억 원 어치를 팔았다는 기록이 있으며, 당뇨병에 특효라는 달마도 머그컵까지 등장했다. 머리를 깎고 달마도를 그리면 졸지에 큰스님이 됐다.

신이와 영험에 과학적 근거가 없다는 사실이 최근 밝혀지면서, 들불처럼 번지던 인기는 한풀 꺾인 분위기다. 그래도 여전히 달마의 얼굴은, 얼굴인 동시에 힘이고 복이다. 달마도에 세인들이 열광하는 이유는, 단연 얼굴에 서린 미증유의 위광威光 때문이다.

의학의 개입과 교정 없이, 시류와 곡절이 이끄는 대로
휘둘리고 망가져온 얼굴은, 못 생겼어도 살갑다.
맨얼굴은 외모의 중심이나 성공의 밑천이기에 앞서,
사유의 실사實寫다. 결국 갈라지고 뒤틀린 얼굴만으로도,
당사자의 생애가 얼마나 치열하고 극적이었을지 거뜬히
헤아릴 수 있다. 윤리 또는 호감이 아니라 사실이자
본성으로서의 정직. 얼굴이 아무리
꼴 같지 않아도, 우리는 기어코 당당할 수 있다.

· · · · · ·

· · · · · ·

· · · · · ·

카리스마의 '끝판왕'에 의지해 잡귀와 액운을 쫓겠다는 심산이다.

달마의 얼굴은 돌이고 벽이며, 쇠이고 산이다. 선이 굵은 만큼 자못 섬뜩하며, 짐짓 권태로우나 뜨겁다. 검고 두툼한 눈썹과 수염에 몰린 극도의 결기와 양감에 힘입어, 뒤통수까지 벗겨진 대머리가 우습지 않다. 잔뜩 웅크린 채 치켜뜬 눈은 권위와 천명天命에 대한 도전이다. 굳게 다문 입술은 적요寂寥이면서 살의殺意다.

참고로 흘러간 전통주인 '금복주'의 모델과 혼동하기도 하는데, 술병에 그려진 얼굴은 달마가 아닌 포대화상布袋和尙의 것이다. 나중에 소개하겠지만 달마는 5세기를, 포대화상은 9세기를 살고 간 인물이었음을 일단 적어둔다. 무엇보다 결정적인 식별법이 있다. 포대화상은 싱글벙글 파안대소지만 달마는 결코 웃지 않는다.

달마를 용한 귀신쯤으로 여기는 무지렁이들은, 달마의 형상에 홀릴 뿐 인간적 고뇌를 취하진 않는다. "불행은 업보이니, 모든 것을 순리에 맡기라"는 충고는, 한없이 단순하고 질박하며 일견 처연하다. "세파에 다치지 않게 마음에 빗장을 걸라"는 위로를 들으면, 그의 귀기어린 얼굴은 칼이 아니라 늪이며 침묵의 절반은 울분이었음을 알 수 있다. 그의 깨달음은 '비움'보다는 '참음'에서, '낮춤'보다는 '닫음'에서 나왔다.

앞으로 쓰게 될 글들은 달마達磨의 '풀 네임Full Name'이 '보리(菩提, 깨달음)달마'임을 새삼 확인하기 위한 정신노동이다. 중국어 한 마디 못 했을 서역의 이방인이 어떻게 중국불교사의 거목으로 설 수 있었는지…. 줄기찬 물음과 헤아림이 땅을 파고 땀을 쏟으리라. 개인적으로는 분투奮鬪가 될 것이고, 문신文身으로 남을 것이다.

기억의 끝에는 언제나 늙은 나그네. 나돌거나 곁돌던 생각을 가슴의 안쪽으로 쓸어 담으면 생생하다가도, 버럭 화를 내면 일순 사라진다. 조용한 곳에서 오래 묵상할 때, 비로소 그의 토굴로 들어가는 길이 열린다. '구원'이나 '민주화'와는 아무런 관련이 없는 길이다. 하지만 얼굴 두껍고 입으로 재잘대기만 하는 것들을 뚫어내야만 닿을 수 있는 길이다.

느리고 풀죽은 늙은이는 내내 등을 구부려 앉아 있다가, 가끔씩 등을 조금 펴고 걸어 다닌다. 넝마더미와 같은 몸집을 억지로 움직여, 일을 하고 품삯을 받는다. 그래야만 방안에 틀어박혀 있을 자유를 지켜낼 수 있으니까! 마음의 골목을 좋아하고 혼자서 술을 마시는 일상은 쓸쓸하면서도 낯익다. 문득 침울하고도 소심한 인기척을 느끼자, 방문을 열고 바깥을 내다본다. "그대, 이제야 왔구나."

축복이라고도
비극이라고도
말하지 못하는
삶

속절없이
또는
하릴없이

소문은 대중적 욕망의 산물

한국복권사상 최고액 당첨자의 근황에 관한 기사가 떴다. 2003년 4월 지방의 어느 경찰관이 '로또Lotto' 19회차에서, 2회치 이월금을 포함해 총 407억 원을 거머쥐었다. 돈을 타자마자 해외로 튀었다는 둥, 가족과 사이가 나빠져 이혼했다는 둥, 재산을 탕진하고 폐인이 됐다는 둥… 몇 달 가지 않아 이런저런 뒷말이 시중에 돌았다.

하지만 '역대급' 대박 이후 10년만의 인터뷰에 따르면, 그는 개인적으로도 공익적으로도 잘 살고 있었다. 여전히 국내에 거주하며, 이제는 중소기업을 운영하는 사장님이다. 일확천금의 10분의1은 기부를 했고, 부부 간의 금슬은 더 좋아졌단다. 무엇보다 횡재 이후의 일상은 전혀 극적이지 않고 평온해 보였다. '무지막지한 공돈에 취해 악랄하게 살다가 처절하게 무너져버리길…' 세인들의 저주는 여지없이 빗나간 셈이다.

소문은 사실이 아닌 욕망의 산물이다. 시샘에 기초한 칼날의 마음이자, 하향평준화를 목표로 한 자기최면이다. 대중이 '보도'보다는 '폭로'에 열광하는 이유이며, 그래서 언론사는 명멸할지라도 언론은 영원하다. 특히 객관적 근거가 희미할수록 악의적인 수군거림의 넓이와 세기는 꼴불견이 된다.

사정이 이러하니 진실의 맑기를 보장해주는 물증과 전거典據는 믿음직하고 유익하다. 반면 근거의 과잉 역시, 더러 오해를 낳는 경우가 있다. 학위논문을 볼 때마다 이게 지혜를 전달하자는 건지 독서량을 홍보하자는 건지, 저자의 의도를 헷갈리곤 한다. 나무가 울창한 숲은 아름답지만 어둡고, 허허벌판은 처연하지만 후련하다.

기적이 기복을 만든다

'道場'은 절에서는 '도량'으로, 태권도학원에선 '도장'으로 읽는다. 불도佛道이든 무도武道이든, 여하간 무언가를 닦는 장소라는 의미다. 오늘날 소림사少林寺의 이미지는 스님들의 도량이 아니라 협객들의 '도장'에 가깝다. '소림사'란 단어를 뇌까리면 불교에 앞서 '이소룡'과 '황비홍'이 먼저 떠오른다. 이즈막엔 사찰 측에서도 스님들이 무술을 하는 쇼를 보여주며, 관광객몰이에 적극적이다.

보리달마菩提達摩는 실존 여부조차 논란이 되는 인물이다. 일각에선 그가 소림사에 오래 머물렀던 행적이, 신화에 날개를 달아줬다는 주장이다. 가뜩이나 힘깨나 쓰게 생긴 용모에, 무림고수의 위세까지 덧대졌다는 이야기다. 홍콩영화의 극성기를 체험한 세대가 달마도의 주요 구매자라는 점을 고려하면, 꽤나 타당한 유추다.

태어난 해는 알 수 없고 단지 서기 495년에 죽었다거나 혹은 436년이나 528년에 죽었다거나, 턱없게도 346년에 태어나 150세까지 살았다거나… 생몰연대부터 문헌들에 따라 중구난방이다. 생애 전체를 일러주는 근거가 적고, 그나마 있는 것은 부풀려지거나 비뚤어졌다. 달마는 스스로에 대해 기록하지 않았다. 몇 쪽 남지 않은 법문조차 전부가 남들의 구술이거나 가탁假託이다. 그즈음 교단의 타락에 저항하던 '집단지성'일 수도 있다.

결국 실체가 휩쓸려간 자리엔 나뭇잎 하나로 양자강을 건넜다거나, 히말라야를 맨발로 걸어서 넘었다거나, 독약을 마시고 숨졌다가 되살아났다거나… 예수 그리스도에 비견되는 기적만이 도드라진다. 사람의 삶이라기엔 의심스럽고, 사람의 힘이라기엔 너무 엄청나다. 도리어 이렇듯 과장된 삶과 힘 덕분에 후세에 이름을 남겼는지도 모른다. 인간이 복을 비는 대상은 궁극적으로, 자기보다 선한 사람이 아니라 강한 사람이다.

9년 동안의 '어쩌고저쩌고'

달마의 전기傳記가 수록된 책 가운데 가장 오래된 것이 『속고승전續高僧傳』이다. 가장 보편적인 것은 『전등록傳燈錄』 제3권. 『전등록』은 석가모니 부처님 이래 북송北宋 초기까지, '깨달음의 등불을 이어받은[傳燈]' 1701명 조사祖師들의 행적과 언설을 모은 계보다. 『경덕전등록』의 준말로, 당시 북송의 황제였던 경덕제景德帝에게 진상하는 국가 차원의 불사였다.

인쇄술의 비약적 발달로 대장경 조성사업이 활발하던 시절이다. 경덕제 재위 시 비구의 숫자는 공식집계만 40만 명이었다. 선종禪宗은 당말唐末부터 중원의 불교권력을 독점했다. 전체 30권에 달하는 『전등록』을 편찬함으로써, 교세의 치성을 과시하고 자신들의 역사적 정통성을 완성했다. 귀족세력과 결탁한 사원경제는 나날이 융성했다.

『전등록』의 기술記述은 달마의 거취에 관한 연도가 명시되는 등 제법 구체적이다. 달마는 원래 남인도 향지국香支國의 왕자였다. '향지'는 '칸치Kanchi'를 수도로 했던 팔라바Pallava 왕조. 전법傳法을 위해 서기 527년 중국으로 건너왔다. 소림사에 주석하면서 교화를 펼치다가, 536년 교단의 기득권 세력에게 독살당해 죽었다는 것이 대략의 내용이다. 이른바 '9년 벽관(壁觀, 벽처럼 확고부동한 경지에 머물러 행하는 참선)'이란 9년 동안 벽만 쳐다봤다는 게 아니라, 달마가 중국에 체류했던 기간이라고 보는 게 더 적확하다.

달마에 대한 관심의 근원을 파헤치면, 그가 거듭 당부했던 수연행隨緣行을 대면한다. 파국과 역변에 대한 덤덤한 순응. 산다는 건, 허다한 인연이 남긴 온갖 찌꺼기들을 주워 먹는 일. 그리고 참되게 산다는 건 '잠자코' 주워 먹는 일. 그저 그렇게, 속절없이 또는 하릴없이. 확실한 죽음과 분명한 윤회가 앞에 있으므로, 축복이라고도 비극이라고도 말하지 못하는 삶. 출구는 없지만 재앙도 아닌 삶. 초연超然하면, 길이 보이리라.

. . . .

. . . .

. . . .

달마가 이어간 수행의 길이는 은둔의 길이에 필적한다. 9년 은 자못 긴 세월이지만, 숨겨진 세월이다. 기껏해야 '착하게 살면 복을 받는다'던 양梁나라 무제武帝를 대놓고 나무란 일화, 스스로 팔을 자를 만큼 마음의 고통에 몸부림치던 혜가慧可를 감화시킨 일 화 정도가 유명하다.

역사는 사실이 아닌 해석의 축적

시간의 강은 사실의 모래톱을 헝클어놓게 마련이다. 『전등 록』은 서기 1004년에 편찬된 저작이다. 달마가 생존했던 시기와는 500년이나 차이가 난다. 더군다나 역사는 '사실'이 아닌 '해석'의 축적. 달마는 선종의 초조初祖였던 만큼, 신성神聖을 위한 문도門徒들의 윤색은 필수적이었을 것이다. 과거는 현재의 필요에 의해 호출되며, 현재의 욕심을 위해 복무하는 법이다.

달마의 행장行狀은, 스승이었던 제27조 반야다라般若多羅의 예언으로 시작되고 완결된다. 석가모니 부처님의 법을 스물일곱 번째로 이어받은 27조이며, 28조에게 닥칠 미래를 훤히 꿰고 있는 27조다. 이는 반야다라가 전지전능해서가 아니라, 후대인들이 전지전능함의 캐릭터를 부여한 까닭으로 여겨진다. 어찌 됐건 비범한 유년시절과 정치적 시련 그리고 부활을 통한 눈부신 극복까지, 전형적인 영웅서사의 줄거리를 따르고 있다. 미안하지만, 믿어지진 않는다.

그렇다고 '평범한' 역사를 수용하자니 역시나 켕기긴 마찬가지. 북위北魏의 불교는 건국의 대업을 이룬 태조太祖가 신봉하는 불교였고, 그만큼 크고 요란한 불교였다. 동시에 이러한 과보로 훗날 중국 최초이자 최대의 법난法難을 초래하는 빌미를 준 불교였다. 양현지楊衒之라는 자가 쓴 『낙양가람기洛陽伽藍記』는, 북위의 수도였던 낙양의 거대하고도 위태로운 아름다움을 다뤘다. 달마의 속물스러운 면모도 나타난다.

낙양의 최대 사찰이었던 영녕사永寧寺를 구경하던 달마가, '나무南無 나무'를 연발하며 그 규모와 미감을 극찬했다는 구절이 박혔다. '나무 관세음보살' 할 때의 그 나무다. 달마가 촉발한 조사선祖師禪이 사치와 위선을 극렬하게 비판했다는 점을 감안하면, 이것은 능욕이다.

그 무시무시한 인욕이 놀라워 이렇게 쓴다

객관성이 주로 유통되는 공간은 법정이나 정치판이다. 객관성은 남들과 이익을 다투거나 가르기 위한 수단으로써 유효하다. 승기를 잡기 위해 증거를 제시하고, 열세를 모면하려 정상참작을 들이민다. '팩트Fact'는 소통이 아닌 경쟁의 도구로 고용되기 일쑤다. 머리 싸움의 향방에 따라 쭈그러들었다가 웃자라며, 돌연 날아오른다.

정보가 풍부한 사회는 공감이 빈곤한 사회다. 그럴싸한 논리로 누군가를 이겨먹을 순 있겠으나, 그것은 갈등뿐인 승리이며 잠재적 패배다. 물론 의의意義로서의 삶은 철학적일지 몰라도, 현상으로서의 삶은 대부분 정치적이다. 그리고 그럴싸한 것들이 지배하는 게 세상이므로, 그럴싸한 것들에 연연할 수밖에 없는 게 또한 인생이다. 살아있는 것들은 입이 있어서, 자꾸 뭐라고 한다.

먹고 살려니 돈이 되는 일과 돈을 줄 사람을 만나는 일에 골몰하지 않을 수 없다. 그때마다 아쉽고 비굴해진다. 환산할 수 없고 거래하지 않아도 되는 가치에 늘 목마르다. 순수를 향한 자위自慰는 으레 고립과 절세絶世의 환경에서 전개된다. 달마는 상처받은 골방에서 즐기기에 최적화된 텍스트다.

단편적인 기록만 따라가도, 그는 소림사에서 무공을 겨루기는커녕 벽돌 한 장 깨본 적이 없다. 살아서의 시간을 들춰보면 절반 이상의 페이지가 고독이고 불화不和다. 허나 이를 증오와 폭력으로 다독이진 않았다. 여섯 외도外道를 잇따라 논파하고도 승리의 도취감이 없으며, 천자天子를 면전에 두고도 언변은 곧고 드셌다. 365일 혼자 살아도 인정人情을 애걸하지 않았으며, 맹독에 쓰러져 갈 때도 비명을 삼켰다. 그 무시무시한 인욕忍辱이 놀라워 이렇게 쓴다.

그의 옹골찬 마음만으로, 충분하다

인간의 시간은 선의의 목적을 갖고 움직이며 끝내 신神의 섭리를 달성한다는 결정론적 관점은, 파국이나 역변을 모순이나 죄악으로 간주한다. 그러나 현실은 견딤으로써만 통과될 뿐, 대체되거나 승화되지 않는다. 저녁나절 산책의 기분으로 예정된 불행을 받아들이는 달마의 일대기는, 내내 무심하며 또한 무결하다.

달마에 대한 관심의 근원을 파헤치면, 그가 거듭 당부했던 수연행(隨緣行, 인연을 따르는 행)을 대면한다. 파국과 역변에 대한 덤덤한 순응. 산다는 건, 허다한 인연이 남긴 온갖 찌꺼기들을 주워 먹는 일. 그리고 참되게 산다는 건 '잠자코' 주워 먹는 일. 그저 그렇게, 속절없이 또는 하릴없이. 확실한 죽음과 분명한 윤회가 앞에 있으므로, 축복이라고도 비극이라고도 말하지 못하는 삶. 출구는 없지만 재앙도 아닌 삶. 초연超然하면, 길이 보이리라.

예로부터 달마의 한자 표기는 '達摩'와 '達磨'가 혼용돼 왔다. '摩'라고 쓰는 쪽은 그의 실존성을 긍정하는 반면, '磨'라고 쓰는 쪽은 신비성을 부각시키는 입장이란 전언이다. 그리 심각하게 받아들일 만한 문제는 아니다. 모두 '간다grind'는 뜻이며, 단지 전자는 손으로 갈고, 후자는 돌로 간다는 게 사소한 차이다. 무성한 추측과 논박이 산을 넘어 달에 닿는다 해도, '다르마Dharma, 法'의 음차에 불과하다.

하물며 마귀 '마魔'라고 쓴들. 지루하고 지난한 수연행의 결실인 깨달음은, 악마의 선물일 법도 하니까. 요컨대 달마는 '達摩'였어도 '達磨'였어도 '達魔'였어도, 심지어 '달마'가 아니었어도 그 무엇도 아니었어도 상관없다. 이름이나 얼굴이 아니라, 마음을 보고 마음을 닮고자 착수한 글쓰기다. 그의 옹골찬 마음만으로, 충분하다.

모나고
뽈난 마음을
다독이는 해법

달마의
힐링 토크

왕에게 세 아들이 있었는데, 막내가 총명하였다. 존자尊者가 그들의 지혜를 시험하고자 보주寶珠로써 물었다.

"이 구슬에 미칠 보배가 있겠습니까?"

첫째와 둘째의 대답은 같았다.

"이 구슬은 칠보七寶 가운데서도 가장 존귀합니다. 큰스님의 도력이 아니고선 이를 지닐 요량이 없습니다."

막내의 대답은 달랐다.

"구슬은 스스로 구슬이 아니며, 마음이 구슬이라 해줘야 구슬이 됩니다. 구슬은 스스로 빛나지 못하며 마음의 빛을 만나야 비로소 빛이 납니다. 더구나 세간에서 빛난다고 지껄이는 것이니, 귀히 여길 게 못 됩니다. 마음의 보배가 진짜 보배입니다."

31

존자가 변재에 놀라 다시 물었다.

"세상의 모든 사물 가운데 무엇이 형상이 없는 것입니까[無相, 무상]?"

"일어나지 않은 것입니다[不起, 불기]."

"무엇이 가장 높습니까?"

"너입네 나입네[人我, 인아] 따지고 재는 것입니다."

"무엇이 가장 큽니까?"

"법성法性입니다."

존자는 셋째가 자신의 후계자임을 알았으나, 때가 이르지 않았으므로 일단 묻어두었다.

－『전등록』제2권 '반야다라' 편

반야다라가 보리달마의 내공을 처음으로 접하는 장면이다. 짐작하다시피, 막내가 달마다. 칠보七寶란 일곱 가지 보석으로, 금·은·청옥·수정·진주·마노·호박을 가리킨다. 『아미타경』등에 언급됐다. 극락을 최대한 호화로운 공간으로 묘사할 목적에, 내세지향적인 종파가 애용하던 미장美裝이다. 마노 호박? 낯설다면 삼대가 놀고먹을 수 있는 재산쯤으로 이해해도 무방하겠다.

특히 반야다라가 내놓은 구슬의 값어치는 칠보 가운데서도 으뜸이다. 인간의 욕심이 상상할 수 있는 최고가의 재화인 것이다. 첫째 목정다라와 둘째 공덕다라의 반응은 명품과 사치에 익숙한 신분에 걸맞다. 이른바 '물건'을 알아볼 줄 알고, "큰스님의 도력…" 운운하며 입에 침을 바를 줄도 안다. 세간의 이목과 잣대에 민감하게 반응하느라 골치깨나 썩겠지만, 정치는 곧잘 할 사내들이다.

반면 막내는 그들과 심리적 이복異腹에 가깝다. '비주얼'에 심드렁하며, 언변에도 기름기가 없다. 무엇보다 심지법계心地法界, '마음이 세계의 모든 것'이란 통찰로 형들을 무안하게 만들었다. 보석이 아무리 영롱하다손, 마음이 봐주고 추켜세워야만 비로소 때깔이 돋보이는 법이다. 그것만으로는 아무런 의미가 없으며, 마음에 기대어야만 기를 펼 수 있는 헛것에 불과하다는 지적이다. 눈부시지만, 가짜.

더구나 보석을 갈구하거나 자랑하는 마음은, 편들고 줄 대고 뺑튀기고 구워삶는 마음과 한통속이다. 저잣거리가 열광하는 광명을 얻으려면, 응당 돈이 들고 반드시 싸움과 차별을 낳는다. 이에 반해 마음의 빛은 공짜이며, 불황을 타지 않는다. 누구나 가질 수 있고 누구나 가지고 있다. 마음먹기 나름이다.

일상이 신비이며, 삶이 기적이다

반야다라가 보리달마를 간택한 결정적 이유는 '세상만사가 마음놀음'이란 자각 덕분이다. 일체유심조一切唯心造. 해묵은 관념론이나 섣부른 환원주의라 깎아내리기에 앞서, 분명한 현실이다. 어디에도 없지만, 언제나 있다는 것만은 확실한 마음. 녀석이 쏟아내는 온갖 그림들이 현실이고 고통이며, 자비이고 치욕이다. 하늘을 본다지만 하늘을 보는 마음을 보는 것이요, 마음이 없다는 인식도 마음이다.

이렇듯 마음의 바깥엔 아무것도 없다. 동시에 마음에 따라 먹고 자고 눈다는 점에서, 부처와 중생 사이엔 눈곱만 한 우열도 나뉘지 않는다. 그러므로 모든 생명은 그 자체로 존귀하다는 게 조사선祖師禪의 일관된 주장이다. 다들 고만고만하니까 특별히 추켜세우거나 뭉개버릴 것이 없다는 통찰은, '일상이 곧 신비'이며 '삶이 곧 기적'이라는 법문을 잉태했다. 이런 맥락에서 깨달음은 도달이나 성취가 아니라 직관이고 자족이다. 있는 그대로 바라보기 또는 주어진 대로 영위하기.

달마의 진면목은 마음놀음의 구속과 폐해를 흔연히 떨쳐버린 용기에서 드러난다. 훗날 부왕父王이 죽자 나라의 모든 백성이 슬피 울거나 우는 시늉이라도 하는데, 오직 달마만이 태연자약했다. 다들 국상國喪 준비로 정신이 없는데 홀연히 선정禪定에 들었고, 7일 만에 깨어나자 출가를 희망했다. 왕위 승계의 가능성을 완전히 상실한 자리엔, 역적으로 몰릴 빌미만 남은 셈이다.

반야다라는 자신이 염두에 두었던 '때'가 마침내 왔다고 판단한 듯싶다. 아버지 그것도 임금인 아버지를 헛것으로 여기는 자가, 오탁악세汚濁惡世의 단맛을 기웃거리거나 일신의 영달에 눈이 뒤집히진 않을 테니까. 구족계와 함께 전법게傳法偈를 내리고, 평생을 곁에 두었다. 달마가 기득권을 내던져버리고 맨땅의 자유인으로 회귀하는 순간이다.

내가 아무렇지 않을 때 마음도 아무렇지 않다

왕자 3형제의 이름은 '다라'라는 돌림자를 쓰고 있다. '다라(多羅, Dhara)'는 범어(梵語, 산스크리트)로 '눈[眼]'이라는 뜻이며, '지각知覺' '보존' '소유' 등의 2차적 의미를 내포했다. 달마의 본명은 보리다라였으며, 맏형은 목정다라 둘째 형은 공덕다라였다. 장남은 바른 안목을 갖기를[目淨], 차남은 선행을 쌓기를[功德], 막내는 부처가 되기를 바라는[菩提] 부정父情이 서려 있다.

반야다라는 달마에게 가사와 발우를 건네면서, "너는 이제 보리달마"라며 법명도 새로 주었다. 고작 '다라'에서 '달마'로 바뀐 것뿐이지만, 즉흥적인 개명은 아닌 듯하다. 달마의 지적知的 됨됨이가 총기聰氣나 탁견을 넘어, 진리 그 자체(Dharma, 達磨)임을 인증한 사례이거나 그러길 바라는 권고로 보인다.

일단락하면 자아라는 놈이 마음의 시작이자 문제의
근본이다. '나'라고 하는 관념이 추레하고 버거운 까닭은
그것이 기어이 남을 불러들이기 때문이다.
'남들의 눈에 비친 나', '남들보다 못난 나', '남들의 눈에
들어야 하는 나', '남들을 위해 살아야 하는 나' 등속의
속절없는 번민을 유발하는 탓이다. 이에 반해 '달마'는
'나'에게 얽매이거나 '나'를 따로 설정하지 않는 무아無我를
딛고 서 있다. 예컨대 내가 아무렇지도 않을 때는 마음도
아무렇지 않다. 괴로움은 정해진 질량이 없으며, 괴롭다는
생각만큼만 괴롭다.

.   .   .   .

.   .   .   .

.   .   .   .

　　　내 눈앞에 보이는 건 오만가지의 '너'들이다. 아무리 선善을
보존하고 덕德을 소유할지라도, 보존하고 소유하는 건 결국엔 '나'
라는 주체다. 주야장천 '너'라는 객체에 얽매여, 끊임없이 질투하
거나 방황해야 하는 처지다. 나의 선함은 남의 악함을 견디지 못하
며, 나의 잘남은 남의 못남 앞에서 거들먹거리거나 한사코 가르치
려 든다. 곧 '다라'의 인간은 법성法性을 담지擔持하고는 있으나, 아
직 육화肉化하지는 못한 인격이다. 자아와 타자 사이의 균열이 잔존
하는 상태이며, '나는 왜 이 모양일까….' '네가 뭔데?' '세상 참 더
럽고 치사하다!' 따위의 망념이 남아있는 상태다.

일단락하면 자아라는 놈이 마음의 시작이자 문제의 근본이다. '나'라고 하는 관념이 추레하고 버거운 까닭은 그것이 기어이 남을 불러들이기 때문이다. '남들의 눈에 비친 나', '남들보다 못난 나', '남들의 눈에 들어야 하는 나', '남들을 위해 살아야 하는 나' 등속의 속절없는 번민을 유발하는 탓이다. 이에 반해 '달마'는 '나'에게 얽매이거나 '나'를 따로 설정하지 않는 무아無我를 딛고 서 있다. 예컨대 내가 아무렇지도 않을 때는 마음도 아무렇지 않다. 괴로움은 정해진 질량이 없으며, 괴롭다는 생각만큼만 괴롭다.

무심無心이 곧 안심安心

달마의 「안심법문安心法門」은 요즈음의 언어로 '힐링 토크Healing Talk'다. 그는 모나고 뿔난 마음을 다독이는 해법으로 무심無心을 제안했다. 무심의 사전적 의미는 사량분별思量分別이 전혀 없는 마음이다. 이를테면 형편을 아쉬워하거나 손익을 재거나 인종人種을 나누거나 연줄을 따지지 말 것. 쓸데없이 마음을 쓰지 않으면, 개인의 마음도 사회의 마음도 저절로 편안해진다는 이야기다. 관건은 자아의 중지.

달마는 「안심법문」에서 "자기를 보기 때문에 도道를 얻지 못한다"며 "지혜로운 사람은 대상에 맡기고[任物, 임물] 자기에게 맡기지 않는다"고 말했다. "옳음이란 나의 옳음일 뿐이지 그 자체로 옳은 것이 아니라"며 "사물을 만나되 견해를 일으키지 않으면 도에 통달한 것"이라고도 했다. '나'는 헛것이며 '나의 번뇌'는 헛것에 의한 조작이다. '이뤄야 할' 헛것을 고민하거나 '있어야 할' 헛것에 애태우지 말고, '있음'이라는 법성法性을 그대로 받아들이라는 요지다. 가장 거대한 형상은, 허공이다.

　　모든 타인은 지옥이라지만, 내가 만든 지옥이다. 나의 꿈을 이루려면 필경 남들의 놀이터에서 웃고 떠들고 망가져야 한다. 그러니 '나만의 길'이란 애초부터 나의 발목을 잡을 길이다. 더욱이 '내가 가진 것이 바로 나'라고 가르치는 현란하고 끈적끈적한 도시 안에서, 나는 필연적으로 궁색하고 옹색하다. 인아人我의 산엔 함정과 벼랑이 가득하다.

　　헛것에 취하지 않으려면 마음을 잠가야 하며, 마음을 잠그려면 자아부터 닫는 게 순서다. 나를 내세우고 떠벌이는 한, 나는 끝내 남에게 연연하거나 종속되거나 끌려 다니거나 상처받을 수밖에 없는 운명이니까. 동시에 '나'라는 미련이 없으면, 나는 더없이 자유로운 존재라는 논리가 성립되는 대목이다. 자기다움은 자기다움을 고집하지 않을 때 완성된다.

　　　이 세상 모든 출생은 위대한 탄생이다

　'무승자박(無繩自縛, 밧줄도 없는데 스스로 묶였다)'이라고 했다.

남이 압박하는 게 아니라 제 손으로 자기를 구속하는 처사를 빗댄 말이다. 석두희천石頭希遷 선사는 기존의 관념에 얽매여 순수한 자성自性을 보지 못하는 수행자를 다음과 같이 놀렸다. "해탈이란 무엇입니까?" "누가 너를 묶었니?" "정토淨土란 무엇입니까." "누가 너를 더럽혔니?" "열반이란 무엇입니까." "누가 너에게 생사生死를 줬니?" 그냥 가만히 있으면 부처인데, 지레 겁먹고 성급하게 처신하며 '중생스럽게' 구는 자들을 향한 힐난이다.

'자성自性'은 사물의 본질을 일컫는다. 으레 선가禪家에선 모든 생명이 갖춘 부처의 심성[佛性,불성]으로 읽는다. '비非전형적인' 관점에서 보면, 자성이란 인간으로서 지녀야 할 '최소한'이다. '그러함'인 동시에, '그러함'을 지속하기 위한 알맹이고 밑천이다. 알고 보면 꾸역꾸역 의식주를 보존하고 이러구러 밥벌이를 지탱하는 삶이, 민낯과 맹물로서의 삶이, 불성에 충실한 삶인 셈이다.

진정한 자유를 원한다면, 그러함을 인정하고 계속 그렇게 살아가면 된다. 남들이 나의 삶을 참견하거나 억압하거나 본받을 순 있어도, 대신 살아줄 순 없다. 누구에게든 살아있음이란, 그들 자신에게는 우주적이며 절대적인 사건이다. 지금 여기서, 제 나름대로 살 만하면 그만이다. 이제껏 어떻게든 살아왔다면 그것이 삶의 최선이다. 이 세상 모든 출생은 위대한 탄생이다. 그리고 마땅히 이렇게 여겨야만, 해맑은 마음으로 화끈하게 세상을 비웃을 수 있다!

태산이 높다 하되 산은 산일뿐이며, 삶은 누구에게나 죽음의 반쪽일 따름이다. 재산이 땅을 뒤덮고 권세가 하늘을 찌른다 해도,

사람의 일상은 하나같이 앉거나 눕고 먹고 마시는 일이 중심이다. 태생적으로 거기서 거기인 신세들이니, 너무 기죽을 것도 너무 애쓸 것도 없다. 제아무리 거대하고 찬란한 존재라도, 존재로서의 한계와 약점을 지니게 마련이다. 높이 올라갈수록 떨어져서 다치기 쉽다. 올라가지 못했다면 떨어지지 않아도 된다. 더 떨어질 곳조차 없다면? 죽음이 우리를 쉬게 하고, 금세 또 다른 삶을 제공할 것이다. 윤회는 희망이다.

놀아주되, 놀아나지는 말라

고려 말의 백운경한白雲景閑 선사는 보리달마의 훌륭한 계승자다. 그는 무심가無心歌에서 "어리석은 사람은 경계를 버리되 마음은 비우지 않고, 지혜로운 사람은 마음을 비우되 경계를 버리지 않는다."고 노래했다. 경계가 삶이라는 '현상'이라면, 마음은 삶에 대한 '해석'이라고 갈음할 수 있다. '현상을 그저 받아들일 뿐 쓰다고 뱉거나 달다고 삼키지 않는 것이 지자智者의 도리'라는 게, 무심가의 고갱이다.

육체로 살아있는 한 줄기차게 경계에 부딪혀야 하는 게 인생이다. 때로는 별것도 아닌 것들에게서 별꼴을 다 당한다. 핵심은 갖가지 별꼴에 마음을 휘둘리는 순간, 나 역시 별것도 아닌 것으로 전락해 갖가지 별꼴을 저지른다는 점이다. 마음이 먹다버린 찌꺼기에 슬금슬금 다가가거나 미쳐 날뛰지 않는 것이 무심의 골간이다. 놀아주되, 놀아나지는 말 것.

'내가 변하면 세상이 변한다'지만, '내가 있다'는 생각부터가 아무래도 화근이다. 내가 없으므로 내가 만든 감옥에 갇힐 필요가 없다. 아울러 내가 없으므로 남들과 같아져야 할 의무도 없다. 변해야 할 내가 있다는 생각도, 변하지 말아야 할 내가 있다는 생각도, 스스로를 믿지 못하는 데서 불거져 나온 망상이다.

그리하여 진짜 걸을 만한 길을 찾는다면, 무심히 그냥 가는 길. '나'라는 굴레이든 '너'라는 갈등이든, 여태껏 아무의 길도 되어 본 적 없는 길. 능력이나 인성 혹은 운세나 가문 등등의 높낮이에 연연하지 않는 길. 내내 시무룩하다가도 문득 설레다가도, 다리가 아프다가도 남의 다리를 긁어주기도 하는, 지금 서 있는 길.

무심無心이 무어냐고?
마음을 쉬면,
마음은 없지.

「심경송心經頌」

생각이 곧 현실이다. 좋은 생각이 좋은 인생을 만들고, 못된 생각이 모이면
못된 세상이 펼쳐진다. 내가 생각한 만큼이 세계이며, 내가 저지른 만큼이
고통이다. 한편으론 좋은 생각도, 고이면 썩는다. 내게 좋은 생각이 남에게도
좋으리란 법은 없다. 내게만 좋은 생각은 으레 꼼수이거나 악수이기 십상이
다. 반면 생각하지 않으면 삶은 존재하지 않는다. 헛된 생각에 안달을 내거나
냄새나는 생각에 끌려 다니지 않아도 된다. 가장 편안한 삶의 상태란 결국 적
멸寂滅이다. 마음을 단단히 먹지 않으면, 애를 먹게 마련이다.

남을 향한
'믿음'에서
나를 향한
'눈뜸'으로

달마가
동쪽으로 온
'객관적' 이유

나쁜 종교에선 상조회사의
향기가 난다

영광의 역사는 대개 살육의 역사다. 장기판 위에서의 움직임과 흡사한 과거의 정복전. 상대편 왕의 수하들을 죽이며 왕의 땅을 빼앗고, 끝내 왕을 욕보이면서 마무리된다. 단, 훈수나 악담 정도가 아니라 핏물과 살점이 튀고 비명과 치욕으로 얼룩진 장기판이다.

승전국 군인들의 패전국 백성에 대한 살인과 약탈과 강간이 끝나고 나면, 전황은 장기적인 심리전의 양상으로 옮겨간다. 충직한 신민臣民으로 복제하기 위한 언어와 문화의 식민植民. 종교동화

정책 역시 국민총화에 특효다. 간악하고 끔찍했던 만행을, 거룩하고 신령한 사역使役으로 미화할 수 있다는 점에서도 요긴하다.

이는 당한 자들의 복수심에서 독소를 신속하게 빼내는 아편으로도 작용한다. 전쟁의 상처는 전쟁 같은 현실에 쉽게 잊고, 악마의 악을 비난하다 지치면 그의 힘을 선망하게 되는 것이 인지상정이다. 그리고 나쁜 종교는 '좋은 게 좋은 것'이란 설교로 이들에게 망각의 길을 터준다.

신神이 남긴 말씀에 따라 선을 권장하고 악을 계도한다지만, 실상은 자신들이 기댄 권력의 허용과 불허가 선악의 기준이다. 억울한 죽음을 막지 않으며, 다만 의식儀式 따위로 '깨끗한' 죽음을 도와준다. 현실에 바짝 엎드린 종교에선 상조회사의 향기가 난다.

'귀신놀음'에 훼손된 인도불교

『전등록』에 근거하면, 인도에서 중국으로 넘어올 당시 보리달마의 나이는 얼추 124세쯤이다. 반야다라는 서기 457년에 입적했으며, 생전에 자기가 죽으면 67년 뒤에(524년) 진단(震旦, 중국)으로 가고 달마에게 미리 유언했다. 달마는 3년간의 항해 끝에 중국 동남쪽의 항구도시 광저우[廣州, 광주]에 닿았고 이내 양무제梁武帝를 접견했다. 여기까지가 527년.

"달마가 40년간 반야다라를 시봉했다."고도 적혔다. 반야다라가 457년에 죽었으니, 곧 사제지간을 맺은 때는 417년이다. 보주寶珠를 주제로 한 반야다라와의 대화를 참고하면, 달마의 말솜씨로 보아 최소한 사춘기는 넘었으리라 사료된다. 그러니 달마의 출생연도는 서기 400년 안팎이다. 시간의 편린들을 종합하면 앞서 밝힌 무시무시한 숫자가 떨어진다. 터무니없지만, 전거典據다.

　　아무튼 반야다라와 보리달마의 만남은 5세기 초엽에 이뤄졌을 텐데, 이때는 인도불교의 힌두화가 급속하게 진행되던 시기다. 힌두의 신들이 대량으로 밀려들어왔으며, 기복을 장려할 의례와 주술을 도입했다. 내생來生에 대한 걱정과 기대가 유난히 강한 현지인들의 정서에 능동적으로 부응하는 대신, 카스트제도의 병폐엔 둔감해졌다. 지배계급의 눈치를 살피면서, 대충 굿이나 해주고 떡이나 먹었을 풍경이 상상된다.

　　반야다라는 이러한 '귀신놀음'에 훼손된 불교에 반감을 가졌던 인물로 추정된다. 본디 그는 북인도 전역을 평정했던 굽타왕조에서 거주했다. 유라시아의 깡패였던 흉노족의 잦은 침입으로, 조국의 위세가 꺾이던 즈음이기도 하다. "남인도가 불법을 독실하게 믿고 공양했으므로"(『전등록』) 남쪽으로 피신했고, 그래서 달마와 인연을 맺었다. 제도권에 대한 불만과 신변에 대한 위협이 뒤섞였을 것이다.

달마는 페르시아인? 스리랑카인?

남인도는 데칸고원 이남지역을 일컫는다. 방대한 영역에 걸친 비옥한 평원이 없어, 북방에서처럼 대제국이 나타나지 못했다. 팔라바왕조는 3세기 후반에서 9세기 말까지, 칸치를 도읍으로 남인도의 동쪽 해안지방을 다스렸다. 굽타의 제도를 베낀 팔라바의 모든 임금들은 철저한 힌두교도였다.

불교와 자이나교 같은 소수 종교를 박해하지는 않았다고 전한다. 하지만 어쨌든 반야다라가 그다지 매력을 느낄 만한 체제는 아니었던 셈이다. 한편 인도의 꽁무니에 인접한 섬나라 스리랑카는 현재까지 어엿한 불교국가다. 어쩌면 『전등록』이 언급한 남인도는 좀 더 아래쪽이었을지도 모르겠다.

달마가 왕자로 살았다던 팔라바왕조의 기원은 정확히 알려진 바가 없다. 일각의 유럽 학자들은 고대 이란의 왕국 파르티아에서 유래했다고 주장한다. 반면 인도 최남단과 스리랑카에 거주하던 촐라 가문의 결실이라는 설도 있다. 전자의 의견을 따를 경우 보리달마는 본래 인도인이 아니라 페르시아인이었다는 가설에 설득력을 보탠다.

이에 반해 스리랑카인이었으리라 보는 후자의 입장은 이념적 동질성에서 타당성을 얻는다. 물론 달마의 혈통과 중국행은 전혀 무관하다. 왕이 못 되어 중국으로 간 것이 아니고, 해외여행이 그리워 중국으로 간 것도 아니다. 심지어 고향이 불국토佛國土였다

해도 발목을 붙잡진 못했을 것이다. 그의 관심사는 교단발전 이전
에 자기혁명이었다.

언제까지나 어디까지나, 자기가 부처

「종용록從容錄」은 북송北宋의 굉지정각宏智正覺 선사가 남긴
문헌이다. 역대 화두 가운데 100칙則을 뽑아서 첨언했다. 다음은
책의 네 번째 에피소드인 '세존지지世尊指地.' "부처님이 대중과 함
께 길을 가다가 손가락으로 땅을 가리켰다. '여기에 절을 지으라.'
제석帝釋이 한 포기 풀을 땅에 꽂으면서 아뢰었다. '절을 다 지었습
니다.' 부처님이 빙그레 웃었다."

'부처님이 빙그레 웃었다'는데, 이게 바로 염화미소拈華微
笑지 싶다. 일체의 허례와 가식과 꿍꿍이를 벗어던진 맨몸의 웃음.
또한 어마어마한 권위와 신통, 부담스러운 지혜와 자비 뒤에 감춰
진 붓다의 소탈한 면모가 살갑다. 이와 함께 '절이란 풀 한 포기처
럼 소박하고 단출해야 한다'는 메시지도 밑줄을 그을 만한 내용이
다. 더불어 그냥 싹이 트고 꽃이 피는 것 같지만, 삼라만상이 힘을
합하고 애써 돌본 덕분이다. 그러니 풀 한 포기보다 소중한 생명도
위대한 기적도 없다는 게, '세존지지'의 교훈이고 선가禪家의 올곧
은 지향점이다.

무형無形과 무위無爲를 통해 조사선이 일관되게 추구한 가치

는 자유다. 그럴듯한 것에 기대지 않고, 일부러 뜻을 내지 않는 삶이다. 세상이 정한 잣대와 통념에 굴하지 않고, 자신의 본성을 온전하고 흔쾌하게 살아내는 것이다. 아무리 보잘 것 없이 보인다손, 지금 주어져 있는 삶이 유일하고도 고귀한 보물이라는 전제 아래서다.

자기 자신이 아닌 '부처님'을 위한 불교를 비판한 까닭도 이런 맥락이다. 언제까지나 어디까지나 자기가 부처다. 그럼에도 걸핏하면 못났다고 갈구어서 '자릿세'를 뜯어내고, 불길하다고 겁을 줘서 '젯밥'을 갈취하는 게 세간의 엄혹한 생리다. 자심진불(自心眞佛, 내 마음이 부처)의 논리는, 출세간까지 나서서 미혹迷惑을 부채질하고 개평을 얻어가서야 되겠느냐는 이의제기다. 달마에겐 무심無心이 수행이고 독존獨存이 종교였다.

....
달마의 독설

밀교密敎는 인도불교의 마지막 변종이다. 13세기 이슬람의 침략으로 절멸될 때까지 700년간 성행했다. 전통종교인 브라만의 무속을 아예 통째로 흡수해, 민초들의 길복을 빌어주고 흉화를 다독였다. 진리는 말로 표현할 수 없다는 취지에서 '밀密'을 강조한 교단은, 말이 안 되는 주술을 시중에 마구 퍼뜨렸다.

밀교의 멸망을 끝으로 인도불교사도 종식됐다. 오늘날 인도에 교단이나 스님, 사찰과 같은 불교의 독자적 원형은 남아있지 않

『전등록』에서 달마는 "단지 때가 왔으므로 동쪽으로
가는 것"이라며 짐짓 태연했다. 모국에 대한 실망도
외국에 대한 기대도 일절 보이지 않는다.
풀 한 포기 땅에 꽂으면 사찰이 되듯, 발길 닿는 곳이
곧 복전福田이란 의지만이 엿보인다. 어디서나 복을
지을 수 있을 수 있다는 건, 어디에나 악惡이 차고
넘친다는 것이다. 누군가의 영토에든 폭력이 있고
빈곤이 있으며, 위로를 기다리는 슬픔이 있다.

다. 부처님 역시 힌두교의 허다한 신 가운데 한 명으로 도태됐다.
밀교의 쇠망은 엄밀히 말하면 힌두교와의 합일이다. 불교의 모양
은 그런대로 건사했는데, 의미는 상실한 상태다. 밀교가 발흥한 6
세기 무렵은 달마의 인도 탈출 시기와 일치한다.

　달마는 「혈맥론血脈論」에서 이렇게 말했다. "경전을 외우면
총명해질 수 있다. 계戒를 잘 지키면 다음 생에는 천당에서 태어날
것이다. 남에게 선행을 베풀면 복을 받는다. 그러나 그것들에 부처
는 없다." 불교의 신성神聖을 떠받치는 체계와 외연을 전면부정하
고 있다. 보수적인 불자들에겐 엄청난 파문을 일으킬 독설이라 할
만하다.

　아무튼 오로지 본성을 간파할 것만을 강조하고 있다. 깊이

헤아리면 이는 살아있음에 대한 무한긍정이고, 살아있음 이상의 기적이나 은총은 없다는 자비법문이다. 아울러 불교의 본질은 남을 향한 '믿음'이 아니라 나를 향한 '눈뜸'이란 관점은, 교단의 물신화物神化를 도저히 용납할 수 없었을 것이다.

누군가의 영토에든
위로를 기다리는 슬픔이 있다

삶을 있는 그대로 존중하지 못하므로 목말라하거나 두려워하고, 침묵하기보다는 희망을 거는 게 사람이다. 인간은 자신의 영속을 보장해줄 강력한 신神을 원하게 마련이고, 더구나 다다익선이다. 인구 1인당 신이 하나 있다는 힌두교의 다신교 전통은, 기대기 좋아하고 기댈 수밖에 없는 중생의 입맛에 맞는다. 신을 믿는 사회는 건실한 사회지만, 궁극적으로 유약한 사회다.

무엇보다 화려한 종교일수록 몽환적이며, 진실의 왜곡에 앞장서면서 연명하는 법이다. 달마는 이러한 신앙의 주류가 영 못마땅했을 것이고 그래서 외로웠을 것이다. 게다가 신도를 불러 모으기엔, 설법이 매우 아리송하다. 못난 삶일지언정 살아있음에 만족하고 감사하라는 말은 너무 시시하고, 자기 자신이 그대로 부처라는 말은 너무 터무니없이 들렸을 것이다. 결국 볼 장 다 봤다.

『전등록』에서 달마는 "단지 때가 왔으므로 동쪽으로 가는 것"이라며 짐짓 태연했다. 모국에 대한 실망도 외국에 대한 기대도 일절 보이지 않는다. 풀 한 포기 땅에 꽂으면 사찰이 되듯, 발길 닿는 곳이 곧 복전福田이란 의지만이 엿보인다. 어디서나 복을 지을 수 있을 수 있다는 건, 어디에나 악惡이 차고 넘친다는 것이다. 누군가의 영토에든 폭력이 있고 빈곤이 있으며, 위로를 기다리는 슬픔이 있다.

동시에 백수를 훌쩍 넘긴 초超고령 노인이다. 무언가를 미워할 기력조차 없을 나이이고, 새로운 것을 꿈꾸면 우스워지는 나이다. 무엇보다 아무것도 믿지 않아도 될 만큼 길흉에 시큰둥하다. 아무것도 섬기지 않아도 될 만큼 무념무상의 자신에게 충분히 만족하는 인격이다. 마음에 빗금 하나 긋지 않은 채 국경을 넘고 바다로 나섰을 것이다. 그저, 또 다른 어둠으로의, 마실.

대도大道는
무문無門이어서,
울고 짜고 할
구멍이 없다

벽관,
벽처럼 단단하게
벽처럼 굳세게

외딴 절, 외톨이, 외골수, 외통수

역사적 사실로서의 벽관壁觀은 서기 527년부터 536년까지 보리달마가 소림사에서 은둔하던 일이다. 소림사는 숭산崇山에 있다. 중국 허난[河南, 하남]성 덩펑[鄧封, 등봉]시 북쪽에 있는 산이다. 중원의 5대 명산 가운데 하나로, 남북조南北朝 시대부터 종교와 문화의 중심지로 부상했다.

북조의 주인이었던 북위北魏의 효문제孝文帝는 인도에서 온 발타拔陀 선사의 거처를 위해 서기 495년 소림사를 창건했다. 발타는 여기에 선원禪院을 설치하고 제자들과 함께 경전을 번역하는 일을 했다. 그 절에 몸담은 달마의 9년 세월은 하루하루가 적적하고

52

끝내 불운하다.

바닷길을 통해 중국에 들어온 달마가 처음으로 접한 제국은 남조의 양梁이었다. 불교를 국시國是로 삼았던 무제武帝가 극진히 영접했다. 양무제는 상상을 초월하는 불사佛事와 지계持戒로, 백성들이 '황제보살'이라 떠받들었던 인물이다. 그러나 달마는 그의 독실한 신앙을 추켜세우기는커녕, 죄다 부질없는 짓이라며 면전에서 면박을 줬다.

훌륭한 불자로서의 자부심을 송두리째 부정당한 황제는 분노했다. 득달같이 쫓아오는 양무제의 군사들을 뿌리치며 탈출은 성공적으로 이뤄졌다. 갈댓잎 한 장에 의지해 표표히 양자강을 건넜다는 신통이 빛나는 대목이다. 또한 북녘의 외딴 절에서 외톨이로 지내며, 외골수를 즐기다 외통수를 맞는 곡절의 서막이기도 하다.

벽이 되어 벽으로 살라

북행은 잠행이었다. 발타가 그를 환대했다는 기록도 보이지 않는다. 그냥 이상한 객승으로만 회자됐다. 『전등록』은 "달마는 면벽한 채 종일토록 말이 없었다. 사람들이 그의 심중을 헤아릴 수 없어 단지 벽관 바라문이라고 불렀다."고 적었다.

훗날 후계자가 되는 혜가(선종 제2조)가 눈보라를 뚫고 찾아왔고, 효문제의 대를 이은 효명제孝明帝가 황금가사를 보내왔다. 비로소 명성을 날리는가 싶더니 호사다마였다. 교단의 최고위 승려였던 보리유지菩提流志와 광통光統의 사주로 독살을 당하며 생을 마감했다. 그들은 달마의 급진적인 사상을 매우 싫어했다. 요컨대 행적으로서의 벽관이란 고독과 불화不和의 시작과 끝이다.

달마는 소림사에 체류하며 「심경송心經頌」, 「파상론破相論」, 「이종입二種入」, 「안심법문安心法門」, 「오성론悟性論」, 「혈맥론血脈論」 등 여섯 편의 저작을 남겼다. 이름 하여 소실육문少室六門. 소림사 조실祖室의 여섯 가지 법문이란 뜻이다. '조실'이란 선원에서 정진하는 수행자들을 지도하는 선승을 위한 존칭이다.

벽관에 대한 설명이 나타나는 「이종입」은 '도道로 들어가는 두 개의 문'을 가리킨다. 하나는 이입理入이고 다른 하나는 행입行入이다. 이입은 깨달음의 내용으로, 행입은 깨달음의 실천으로 정리할 수 있다. 요지는 단단하고 순일한 벽이 되어, 견딤과 굳셈 따위로 의역될 수 있는 벽으로 살라는 것이다. 차갑고 건조한 강론은 역대 최강의 벽창우를 지향하고 있다.

극단적인 인내와 달관의 철학

이입이란 "고요하여 작위가 없는 것"이며 "망상을 버리고 참된 성품으로 돌아가서 확고하게 벽관에 머무름"으로써 가능하다. "나와 남이 없고, 범부와 성인이 평등하게 하나가 되는" 상태이며, "다시는 이런저런 언설에 현혹되지 않는" 경지다. 행입은 사행四行이며 보원행報寃行, 수연행隨緣行, 무소구행無所求行, 칭법행稱法行을 일컫는다. 그야말로 극단적인 인내와 달관의 철학이다.

'보원행'은 현실의 갖은 불행을 지난날의 업보로 여겨 달갑게 받아들이는 삶이고, '수연행'은 그때그때의 인연에 순응하는 삶이다. '무소구행'은 기대하거나 기대지 않는 삶이고, '칭법행'은 보원행과 수연행과 무소구행을 견지함으로써 청정한 본성을 훼손하지 않는 삶이다. 그리고 이는 존재의 근원적인 비극성에 대한 뼈저린 인식에서 출발한다. "몸이 있으면 모두 고달픔이 있으니, 누가 편안함을 얻겠는가?"

모든 생명 있는 것들은 몸을 갖는다. 허다한 몸들 가운데 마음을 지닌 것들을 동물이라 한다. 몸은 조건과 상황에 머물며, 마음은 분별과 판단을 만든다. 판단은 상황을 변화시키고, 변화된 상황은 다시 판단에 영향을 미친다. 몸이 앞서거니 마음이 우선이니 따질 수 없는 근거다. 마음이 몸을 움직이고 마음은 몸속에서만 숨 쉴 수 있다.

육체에 빌붙어 있는 한, 정신은 딱딱해지지 않는다. 더불어 내가 살아있는 한 누군가도 살아있다. 존재한다는 것은 노출됐다는 것이며, 반드시 시달리고 억눌리게 마련이다. 몸에 묶인 마음은 필경 바깥의 눈치를 봐야 하며, 마음에 묶인 몸은 어떤 식으로든 자신을 방어하고 해명해야 한다. 그래서 살아서의 시간은 필연적으로 불안이며, 살아서의 공간은 응당 구속이다.

| 1장 | 고독을 노여워하거나 불행을 회피하지 않았다 |

몸의 '있음'은 마음의 '꾸밈'으로 넓어지고 윤택해진다. '꾸밈'을 섭취하고 장복한 '있음'은, 자꾸만 '있음'을 넘어 '있어 보임'을 꿈꾸고 획책한다. 꾸밈의 두께와 향기가 성에 차지 않을 때면 으레 절망하거나 폭음한다. 하여 스스로 목숨을 끊을 줄 아는 동물을 인간이라 한다.

양무제에 대한 달마의 비판은 그의 가식과 위선을 겨냥하고 있다. 외형적 성장과 남들에게 보이기 위한 윤리적 덕행만으로는 불교의 본령에 다가갈 수 없다는 질책이었다. 아울러 규모와 체계로서의 불교를 부정한 대가로 저승길이 주어졌다. 그렇지만 거듭되는 질시와 박해 속에서도, 보리달마의 '있어 보임'에 관한 회의는 집요하다. 존재를 최대한 그럴싸하게 포장하는 자들과 좀처럼 겸상하지 않았다. 소멸하는 것들은 불멸을 원하나, 불멸하는 것은 소멸뿐이다.

다만 세상의 공격이 아니라 세상 자체를 거부한다는 점에서, 달마의 염세厭世는 신경질적이거나 쩨쩨하지 않다. '면벽面壁'이란 단순히 벽을 바라보는 행위를 넘어, 달마가 몰입한 견인堅忍과 감내堪耐의 깊이가 독보적이었음을 일러주는 은유다. 벽을 대하듯 세상사에 의연했고, 누가 뭐라건 말건 귀에 담아두지 않았다. 마음을 비우기 위한 전초전이다. 나아가 명상으로서의 벽관이란 존재의 본질을 향한 닮음이고 파고듦이었다. '그러함'이 왜 '그럴듯함'

으로 웃자라는지를 알아내기 위해 마음을 파고들었고, 번뇌의 씨를 말리려 마음을 닫았다. 마음만큼 아픈 법이니, 마음에서 '마음'을 빼내야 했다.

달마는 존재의 증거이자 장애인 몸과, 존재의 동력이자 화근인 마음의 상관관계에 주목하면서 동시적인 절멸을 바랐다. 종국엔 마음을 철저히 가둠으로써, 마음의 아우성이 유발하는 몸의 욕됨을 극복할 수 있었다. 무심無心을 통해 무아無我에 도달했으며, 슬픔이 아닌 해방으로서의 죽음을 터득했다. 마음에서 '마음'을 뿌리까지 거세해버린 것이다. 마침내, 살면 사는 대로 죽으면 죽는 대로! 대도大道는 무문無門이어서, 울고 짜고 할 구멍이 없다.

밖으로 모든 인연을 쉬고　　外息諸緣외식제연
안으로 헐떡임이 없어　　　內心無喘내심무천
마음이 장벽과 같으면　　　心如牆壁심여장벽
능히 도에 들어가리라.　　　可以入道가이입도

　　　　　　　　　　　　　　　　　　－「이종입」

....
자족과 검약으로서의 벽관

벽관의 가치를 깔끔하게 간추린 설법이다. 개인적으로 봄날

달마는 존재의 증거이자 장애인 몸과, 존재의 동력이자
화근인 마음의 상관관계에 주목하면서 동시적인 절멸을
꿈꿨다. 종국엔 마음을 철저히 가둠으로써,
마음의 아우성이 유발하는 몸의 욕됨을 극복할 수 있었다.
무심無心을 통해 무아無我에 도달했으며,
슬픔이 아닌 해방으로서의 죽음을 터득했다.
마침내, 살면 사는 대로 죽으면 죽는 대로!
대도大道는 무문無門이어서, 울고 짜고 할 구멍이 없다.

· · · · · · · · ·

· · · · · · · · ·

· · · · · · · · ·

의 미풍쯤으로 여기는 글귀다. "사랑해…."의 울림에 필적한다. 얼
핏 벽관이란 단어 자체는 거칠고 탁하게 들릴 수 있다. 'ㅂ'과 'ㄱ'
따위의 파열음이 겹치는 데다, '한계'와 '단절'을 상징하는 형상, 게
다가 교실 뒤에서 벽을 본 채 서있어야 했던 체벌의 기억 때문이다.

하지만 속뜻을 뒤적이면 호주머니에 돈푼깨나 생기는 듯싶
어 뿌듯하다. 그저 살아있다는 사실 외에는 어떠한 수사修辭도 가까
이 하지 말라는 당부. 구태여 남들이 놀아주거나 도와주지 않아도,
충분히 행복할 수 있다고 다독여주는 자유의 잠언이다.

쳇바퀴처럼 돌아가는 일상 속으로 밥이 들어오고 일이 들어
오고 화가 들어온다. 무언가가 끊임없이 건드리는 게 삶이라는 '현
상'이며, 자극에 적절히 대처하는 게 삶이라는 '의미'다. 그리고 가

장 보잘 것 없지만 가장 속 편한 의미는 '무의미'다. 안으로 냉가슴이나 새가슴이 되는 까닭은, 대부분 밖으로 평판에 연연하고 관계에 골몰하는 탓이다.

　　모든 인연을 끊을 순 없겠지만, 쉴 수는 있다. 생각을 멈출 수는 없겠지만, 헐떡이지 않을 순 있다. 조그맣고 시시하게 살며 쳇바퀴의 연비를 아끼라는 권고로 해석할 경우, 벽관은 특별한 수행법이나 이데올로기의 틀을 벗어난다. 자족이고 검약이다.

'자유'로부터의 자유

　　흔히 '물질'이란 낱말은 자본의 동의어로 쓰인다. 이런 연유로 물신화物神化를 황금만능주의로도 혼용하는데, 본래 주체가 자신의 존엄성을 망각하고 객체를 추종하는 풍조를 뜻하는 철학적 개념이다. 이를테면 돈에 미치거나, 광신에 빠지거나, 스타에게 열광하거나 …. '거울에 비친 내 얼굴이 곧 나'라는 착각과, '입고 있는 옷과 살고 있는 집이 곧 나'라는 통념 역시 물신화의 파편들이다.

　　그리고 이러한 착각과 통념을 극대화해 사람을 껍질까지 벗겨먹으려는 게 산업자본주의의 개수작이다. 과소비는 죄악인 동시에 자기배반이다. 반면 '자아'를 산산이 부숴버린 뒤 그 잔해로 세운 달마의 벽은 편견에도 좌절에도 기울어있지 않다. 벽이 된 자는, 벽의 안팎을 흘끔거리지 않는다.

벽은 잠깐 바라보면 벽이지만, 한동안 바라보면 삶이다. 벽을 응시하고 있으면 오래지 않아 오만가지 잡념과 분노와 추억과 희망의 풍경이 부딪혀 나뒹군다. 인생도 이와 같아 망상의 바다를 항해하는 한 조각 꿍꿍이. 벽관이란 멀리 있거나 신비한 수행이 아니라, 인생이 그대로 벽관인 셈이다. 더불어 마땅히 벽이 되어야, 벽관의 괴로움을 멈출 수 있다.

　「돈오입도요문론頓惡入道要門論」을 저술한 대주혜해大珠慧海선사의 '쾌도난마'는 무의미를 내면화하는 데 유용하다. '頓除妄念(돈제망념) 惡無所得(오무소득)', '잡다한 생각을 일거에 쓸어버리니, 산다는 게 정말 뭣도 아니었구나!' 벽관을 하다 보면 가끔 이렇게 평온해질 때가 있다. 생활과 실용으로서의 벽관은, 생각에 대해 생각하지 않는 것. 삶의 여정에 푯대를 세우거나 '핏대'를 세우지 않는 일. 심지어, '자유'로부터의 자유.

2

우리는
너무 오랫동안

속살을
스스로

파먹었다

'잘남'을 향한 정신적 아우성과 몸부림

공덕도
성스러움도
없다

양무제: 짐朕이 즉위한 이래 절을 짓고 경經을 쓰고 스님을 기른 것이 셀 수가 없다. 어떤 공덕功德이 있겠는가?

달마: 전혀 공덕이 없다.

양무제: 왜 그런가?

달마: 공덕이란 인간과 하늘이 베푼 사소한 결실이다. 끝내 번뇌의 씨앗일 뿐이다. 그림자가 형상을 따르는 것과 같으니 헛되고 헛되다.

양무제: 진정한 공덕이란 무엇인가?

달마: 청정한 지혜는 오묘하고 원만한데, 비어 있으며 고요하다. 세상의 같잖은 알음알이로 얻어지는 것이 아니다.

양무제: 어떤 것이 성스러움인가?

달마: 그런 것 없다.

양무제: 짐을 대하고 있는 그대는 누구인가?

달마: 모르겠다.

—『벽암록_{碧巖錄}』 제1칙 '확연무성_{廓然無聖}'

삶의 원형은 죽음

마음 없는 몸은 주검이며 몸 없는 마음은 유령이다. 일을 할 수도 자식을 낳을 수도 놀이를 즐길 수도 없다. 마음은 몸에 얹혀야만 살 수 있는 법이다. 허나 질병과 갈등에 평생을 시달려야 하는 게 또한 몸이다. 넘어지기 일쑤에 욕먹기 십상인 몸을, 마음이 돕고 달래서 다시 움직이게 하고 빌게 한다. 하여 마음은 몸의 숨통이 막히는 날까지 쓰고 매우며 어지럽고 들썩인다.

사람의 탈을 쓴 생명에겐 입이 달렸다. 게다가 말할 줄 아는 입이다. 말끝마다 핑계와 희망을 생산해내며, 위기를 면하고 기회를 탐한다. 죽음에 대한 의도적인 망각도 생존전략 가운데 하나. 언젠가는 죽는다는 것을 애써 모른 척하면서, 자신의 삶을 부지런히 지키고 집요하게 가꾼다. 때로는 남의 죽음을 앞당긴다.

그러나 삶의 원형은 죽음이다. 순서와 형식에 차이가 있을 뿐 어떤 식으로든 공평하게 파국을 맞는다. 그래도 죽기는, 죽도록 싫다는 게 인류 본연의 감정이다. 더구나 목숨에 집착하는 자들이 너무 많다는 게 문제다. 내가 원하는 만큼의 복을 누리기엔, 가뜩이나 좁은 아랫목에 이런저런 뱃살들이 가득하다.

통재라…. 뾰족한 수가 없음을 알면서도, 마음은 수시로 칼을 갈거나 기도를 한다. 마음과 마음이 만나면서 새끼가 생기고, 마음과 마음이 부딪히면서 피가 튄다. 마음을 가지런히 모은 채 무언가를 도모하기도 한다. 누군가는 적선積善을 하여 삶의 연장을, 누군가는 공덕功德을 지어 삶의 영원을 꿈꾼다.

양무제, 보살이었던 황제

중국의 중심은 중원中原이다. 남으로는 양자강楊子江 북으로는 요하遼河에 이르는 화북華北 지방을 가리킨다. 황하黃河가 대지의 중앙을 가로지른다. 중국문명의 발생지로, 예로부터 중원을 지배하는 자가 곧 대륙의 주인이었다. 양자강 이남의 국가는 아무리 드넓은 영토를 가졌더라도 열등감을 느꼈다.

남북조시대는 사상 최초로 한족漢族이 이민족에게 중원을 빼앗겼던 시절이다. 공간적으로는 사분오열四分五裂, 시간적으로는 화무십일홍花無十日紅에 빗댈 수 있는 혼돈의 세월이었다. 서기 432년부터 589년까지 북조는 다섯 오랑캐가 열셋의 나라를, 한족이 세 개의 나라를 쌓고 허물었다(5호16국). 남조는 송宋-제齊-양梁-

진陳의 순서로 국호와 태조가 바뀌었다.

남조의 양梁을 건국하고 무제武帝로 등극한 소연(蕭衍, 464~ 549)은 중국 역사에서 가장 불심이 깊었던 황제다. 본래 유교와 도교에 흥미를 느꼈으나 불교를 만난 뒤에는 곁을 주지 않았다. 불사佛事면 불사, 경학經學이면 경학, 계율戒律이면 계율에서 끝장의 모범을 보여줬다.

동서고금을 막론하고 손꼽을 만치 착한 권력이었다. 신神에 필적하는 오만과 쾌락과 사치를 누릴 수 있었음에도, 금욕과 검소로 일관한 생활은 고승대덕高僧大德을 무색케 했다. 교단과 국민들은 '황제보살' 또는 '보살천자'라고 떠받들었다. 그가 재위한 48년 동안 중국인들은 펄펄 살아 숨 쉬는 불국토를 봤다.

양무제의 기대를 단칼에 잘라낸
달마의 핀잔

전국에 지은 절만 3,000여 개다. 스스로 보살계를 수지하면서 권속과 백관百官을 비롯해 일반서민들까지 계를 받게 했다. 동태사同泰寺『반야심경』강설법회에는 외국의 사신까지 끌어다 앉혔으며, 14일간 계속된 법회의 참여인원은 30만 명이었다. 친히 절에 머물며 청소를 하고 스님들의 옷을 빨기가 수차례였다. 술과 고기를 끊고 일일일식一日一食을 실천했다. 밥상엔 콩과 간장뿐이었다.

피치 못하게 사형에 처해야 할 때는 펑펑 울었다. '단주육문斷酒肉文'을 공포해 술을 못 마시게 하고, 제사를 지낼 때 살아있는 짐승을 죽이는 것을 금했다. 제물祭物은 과일과 채소로 대신하게 했다. 교리에도 밝아 경전의 소(疏, 주석서)가 수백 권에 이른다. 전국의 도관道館을 폐쇄하고 도사道士들을 환속시키면서, 불교와 경쟁했던 도교의 씨를 말렸다.

양무제의 불교는 이토록 저돌적이었다. 그가 불교를 끔찍이, 그야말로 '끔찍할' 정도로 아낀 이유는 뚜렷치 않다. 다만 『벽암록』에 따르면 공덕功德에 대한 관심이 상당했던 것으로 추측된다. 공덕이란 단적으로 믿음에 대한 보상이다. 부처님을 위해 이 정도로 '쐈으면', 살아서의 태평성대는 떼어 놓은 당상이요 죽어서의 영생永生 역시 온당한 요구라는 확신이 엿보인다.

이랬던 그에게 인도에서 달마가 왔다. 성스러운 부처님의 땅에서 온 큰스님이라니…, 확답을 받고 싶었을 것이다. 그리고 의례적인 칭송 한 마디만 뱉어주면, 어물쩍 끝날 자리이고 두둑하게 용돈을 챙길 수 있는 자리다. 하지만 달마는 맞장구를 향한 양무제의 기대를 단칼에 잘라냈다. 무더기로 쌓은 선업善業이 부질없는 헛수고에 지나지 않는다는 핀잔. 하기야 역대 최강의 선인善人이 되겠다는 속셈에 국고를 탕진하고 민초들에게서 '사는 재미(?)'를 빼앗았으니, 무턱대고 박수를 쳐주기도 난감한 노릇이다.

양무제의 치세는 화려했으나 말년은 비참했다. 북조를 지배했던 북위는 동위와 서위로 분열됐으며, 후경侯景이란 자는 동위의 군벌이었다. 동위를 세운 고환高歡의 휘하에서 대장大將이 됐다. 고환이 죽자 아들인 고징高澄이 대승상大丞相의 지위를 물려받았다. 고징은 아버지의 '라인'들을 정리하고 자기중심으로 권력을 재편하려 했다.

나라의 실세가 바뀌고 숙청의 기운을 감지한 후경은, 곧장 군사들을 이끌고 남하해 양무제 아래로 투항했다. 그런데 별안간 양무제가 자신의 모국과 화친을 맺으려 한다는 소식에, 지레 겁먹어 반란을 일으켰다(548년 후경의 난). 황궁에서 쫓겨나 연금된 양무제는 감시와 곤궁 속에서 이듬해 생을 마감했다. 사실상 굶어죽었다.

그가 필생의 역작으로 일궈낸 제국 또한 순식간에 고꾸라졌다. 양무제의 일곱 번째 아들이 전란 통에 제위를 잇고 원제元帝가 되었다. '원제'란 칭호는 수도를 옮기면서 새로 시작하겠다는 다짐이었으나, 이미 국력은 8할 이상이 뜯겨나간 상태였다. 후경의 난을 진압한 진패선이 또 다른 정변에 죽은 원제의 아들을 옹립했을 때, 멸망은 태풍 앞의 촛불이었다. 얼마 안 가서 진陳의 건국(557년). 양자강 이남은 진패선陳覇先의 나라가 되었다.

인생무상이나 곱씹자고 그토록 갖다 바치지는 않았을 것이다. 양무제의 투철하고 염결했던 신행信行과 황망한 종말과의 개연성은 확실치 않다. 어찌 됐든 그가 조석으로 빌었던 공덕은 없었던 셈이다. '인간과 하늘이 베푼 결실'은, 부하가 배신하고 천명天命이 변심하면서 흔적도 없이 사라졌다. 지체 높은 불자의 크고 빛나는 업적은, 달마의 말대로 기어이 '번뇌의 씨앗'이라는 본모습을 되찾아, 쪼그라들었다.

살아지니까 살아가는 것이다

『자비도량참법慈悲道場懺法』. 먼저 간 황후의 극락왕생을 빌 요량에, 양무제가 손수 엮은 기도서祈禱書라 전한다. 간밤의 꿈에 구렁이가 되어 나타난 아내가, 천벌을 받게 된 자초지종을 설명했다. 이에 남편은 영험하다는 제문祭文을 가려 뽑아, 생전의 고약한 성질머리에서 비롯된 그녀의 죄업을 씻어주었다.

자비도량참법기도는 오늘날 국내 사찰에서도 기복과 치유를 목적으로 유행 중이다. 뭍과 바다에 떠도는 넋들을 달래준다는 수륙재水陸齋 역시 양무제가 고안했다는 일설이다. 망자亡者의 울화통을 어루만져주는 행위의 뒤춤에선, 현세의 안녕과 내세의 본전치기 이상을 보장받고 싶다는 응달의 의도가 곧잘 발견된다.

'왜 사냐건 웃지요'라는 유명한 시구는 전원생활에 대한 찬미를 넘어, 어리석은 질문에 대한 냉소를 품고 있다. 살아감엔 이유가 없으며, 생명의 목적은 생명이다. 무엇을 위해 살기 이전에, 살아지니까 살아가는 것이다. 죽기 직전에도 삶의 끝물까지 쪽쪽 핥아먹다 가고 싶은 게 삶의 숙명이다. 신세가 변변치 않을 때는 연명延命에 만족하고, 운깨나 풀린다 싶으면 권세를 추구한다. 좋은 옷을 걸치고 달콤한 말만 듣는 신분을 얻으려면, 일단 몸뚱이부터 건사하는 게 먼저다. 결국 복락의 출발이자 기반은 몸의 안전이다.

　　몸의 안전을 위해, 마음은 줄기차게 '마음'을 내고 골머리를 앓으며 상승을 지향한다. 커다란 실패 앞에는 변명을, 거듭되는 실패 앞에는 순리를 덧댄다. 부지런히 공덕을 지으면서 흉화의 중화中和와 상쇄相殺를 노리기도 한다. 어떻게든 자신自身의 정당성을 유지하고, 지속성을 확보하기 위한 정신적 아우성과 몸부림. 공덕을 향한 양무제의 '헐떡임'은, 사람의 얼굴과 형편을 바꿔가며 대대로 전승되고 있다.

소원을 들어주거나
이뤄줄 존재가 따로 없다

　　일견 인생이란 슬기로운 '자기기만'과 합리적인 '자기합리화'의 연속이다. 뜻대로 되지 않는 현실을 회피하거나 왜곡함으로써, 생계에 쥐구멍을 트고 내일을 살아갈 힘을 얻게 마련이다. 믿음은 무지의 소치라지만, 진통제이자 마취제로서의 기능이 만만치 불립문자不立文字. 선가禪家의 오래된 충고다.
불용不用이 아니라 불립不立이다. 말글이 지배하는 세상이니
문자를 쓰는 건 불가피한 일이다. 하지만 문자를 남용해서
삶을 고정관념 안에 구속하지 말라는 채근이다.
그 무엇이 아니거나 그 무엇이 되지 못했더라도
모든 사람은 사람이므로, 사람답다.
다시 말해 "문자를 세우지 말라"는 건 온갖 의미와
가치로부터의 해방을 뜻한다. 삶에 대해 해석하지 말고
평가하지 말라는 이야기다. '지금 여기 존재한다는 것'
너머에는 아무것도 없거나 덫이 있다.

않다. 속임과 꾸밈은 간사하지만, 간사한 것들에 저항할 무기가 된
다는 점에서 유효하다.

　　단, 아무리 속이고 꾸미고 믿어봐야 근원적인 갈급渴急은 해
소할 수 없다는 게 심리적 약물藥物들의 한계다. 살아있는 것들이
목마르고 애타는 본질적인 원인은, 우둔하거나 가난해서가 아니
다. 살아있다는 것 자체가 재앙의 씨앗인 것이다. 요컨대 망상과
질곡으로서의 삶에서 벗어나는 최선의 해법은, 살아있다는 사실
을 각인시키는 미련과 회한을 덜어내는 일이다. 아픔만큼 지독한
삶도 없으니 건강해야 하고, 갈등만큼 피곤한 삶도 없으니 너무 많

은 인연을 맺지 말아야 하는 까닭이다. 삶이란 눈부신 '꿈'이라기보다, 어쩌다 주어진 '일'이다. 되도록 무난히 넘기는 게 능사다.

불립문자不立文字. 선가禪家의 오래된 충고다. 불용不用이 아니라 불립不立이다. 말글이 지배하는 세상이니 문자를 쓰는 건 불가피한 일이다. 하지만 문자를 남용해서 삶을 고정관념 안에 구속하지 말라는 채근이다. 그 무엇이 아니거나 그 무엇이 되지 못했더라도 모든 사람은 사람이므로, 사람답다. 다시 말해 "문자를 세우지 말라"는 건 온갖 의미와 가치로부터의 해방을 뜻한다. 삶에 대해 해석하지 말고 평가하지 말라는 이야기다. '지금 여기 존재한다는 것' 너머에는 아무것도 없거나 덫이 있다.

공덕이란 것도, 거품이다. 애당초 자기위안이어서 소원을 들어주거나 이뤄줄 존재가 따로 없다. 상상의 산물이거나 헛된 연금술이거나 입에 발린 상혼에 불과하다. 심지어 무심無心일 때는 공덕에 대한 집착은커녕 삶조차 발생하지 않는다. 그래서 이른바 자성청정심自性淸淨心이란 '깨끗하다'보다는 '허허롭다'는 느낌에 가깝다. 바깥으로만 싸돌아다니던 마음, 헛것과 손을 잡고 몸을 섞던 마음을 수거해 밥을 먹이고 잠을 재운다. 곤히 잠든 마음은 사치를 보채지도 무욕無慾을 칭얼대지도 않는다. '성스럽다는 것은 화려하고 비싸다는 것일 뿐'이라는 달마의 독해讀解를 공감하는 순간이기도 하다.

마음 마음 마음이여.
도대체가 속을 알 수 없는 놈.
기분이 좋으면 온 세상을 제 몸 아끼듯
끌어안다가도, 한번 삐치면 바늘 하나
꽂을 자리조차 남에게 양보하지 않으니.

「안심법문安心法門」

마음먹은 대로 살기란 쉽지 않다. 마음이란 게 본디 줄기차게 흐르고 줄줄
새는 법이니. 실체가 없으니 붙잡으려야 붙잡기도 요원한 노릇이다. 마음 가
는 대로 사는 일 역시 어렵고 때론 위험하다. 쫄쫄 굶거나 쇠고랑이나 차기
십상이다. 이성과 본능의 각축전 속에서, 욕망에 속고 야망에 휘둘리다가 어
물쩍 지나가버리는 게 인생이다. 내가 사는 것 같지만, 마음이 사는 것이다.
너무 아쉬워할 것도, 너무 조급해 할 것도 없다. 어차피 마음은 영원한 심술
꾸러기이고, 삶의 주인은 죽음이다. 쉽게, 가자.

지금 내게
관등성명을
대라는 거니?

'모르겠다'의

의미

정의는 정의! 의리는 의리!

성악설性惡說로 유명한 순자荀
子는 '정명正名'을 정치의 근본으로 삼았다. 순자가 바라본 세상의
악惡은, 악이지만 변화될 수 있는 악이었다. 그는 인간의 마음이란
본디 혼돈스럽고 이기적이므로, 엄격한 교육으로 다스려야 한다고
강조했다. 동시에 사회의 질서는 '이름을 바로잡는 것'에서 출발한
다는 게 정명의 논리다. 예컨대 담합은 담합이지 의리가 아니며, 곡
해는 곡해이지 창조적 해석이 아니다.

"짐승에게도 아비와 아들이 있으나, 부자간에 윤리는 없다.
짐승들 역시 수컷과 암컷으로 나뉘나, 남녀를 내외하는 도리는 모

74

른다. 그러므로 인간으로서의 도道는 분별分別이다." 만물 가운데서 오직 사람만이 말을 할 줄 알고 글을 쓸 줄 안다. 그러므로 낱말의 개념을 정확히 숙지해 딱 부러지게 구사하는 것이, 사람의 도리이고 천명에 대한 보답이라는 게 순자의 확고한 신념이었다.

휴머니즘을 일절 기대하지 않았던 그는, 오직 냉철한 이성과 법치만을 중히 여겼다. "지知는 단순히 앎이고 지智는 앎의 능력"이라고 구태여 구분할 만큼 고지식했다. "하얀 말은 말이 아니다[白馬非馬]."라는 등 사람의 혼을 교묘히 빼놓는 명가名家의 말장난도 아주 싫어했다.

오늘날에 순자가 살았다면? 이념과 '뒷배'에 따라 저마다 다른 논조를 취하는 신문들을, 꼼꼼히 정독하며 혀를 차거나 분개했을 것이다. 이를테면 민주주의에 대한 요구를 종북으로, 친일파 전력의 은폐를 보수라고 읽는 일각의 현상에 대해 거품을 물었을 위인이다. 사상적 시시비비 이전에, 일종의 '맞춤법' 차원에서 말이다.

....
언어는 담합과 곡해의 산물

그러나 한국인에게 사과는 '사과'이지만, 미국인에게 사과는 'Apple'이라는 케케묵은 상식. 애당초 언어의 의미란, 하늘에서 떨어진 이치가 아니라 공동체의 구성원들끼리 맺은 임의적인 약속에 불과하다. 그리고 공동체의 이합집산에 따라 언제고 뒤바뀌거나 부풀려지기 십상이다.

여론이란 숫자싸움이며 '이름'에 대한 평가 역시 '물량전'에 의해 좌우된다. 한편에선 열사라 기리는 인물이 다른 한편에선 폭도로 매도되는 이즈막, 언어는 담합과 곡해의 산물임을 실감한다. 정의는 본질보다는 쪽수의 영역에서 힘을 발휘하는 게 상례다. 진실이 말 많은 자들에 질려 두 손 들고 떠나간 자리엔, 말들만 남아서 각자의 진실을 떠든다.

슬픔을 반으로 나누면 희망이 되고, 진실을 반으로 나누면 진영이 된다. 두 편으로 갈린 진실들의 힘겨루기는 끝이 나질 않는다. 절반의 진실이 수명을 다하면, 또 다른 반쪽짜리 진실을 생산해 다시 맞서면 그만이다. 어차피 세상은 넓고 현안과 이권利權은 많다. 그리고 한편의 진실 안에서 가장 기氣가 세고 세勢 불리기에 능한 자가, 무리의 우두머리가 된다.

운이 붙어서 그 사람이 정권이라도 잡게 되면, 집요하게 밀어붙여서 나아가 독재에 성공하게 되면, 객관적 진실을 자기만의 진실로 뒤덮을 수도 있다. 그의 지시 여하에 따라, 하얀 말은 정말 말이 아니게 될 수도 있는 것이다. 배부르고 존귀한 이름 앞에서 어쩔 수 없이 굽실거리긴 해도, 신뢰하진 못하는 까닭이다.

혼자서는 식당에서
밥을 먹지 못하는 '아무개'

아무개가 '아무개'일 수 있는 이유는 의외로 간명하다. 그가 가진 기억 덕분이다. 아무개가 '아무개'이고 '아무개'였음을 잊지 않아야만, 아무개는 '아무개'로서 존재할 수 있다. 더불어 아무개 본인을 비롯해 적어도 한 사람 이상이 아무개를 '아무개'라고 알아줘야, '아무개'로서의 삶이 이어지고 펼쳐지는 법이다. '아무개'는 아무개의 힘이다.

누군가 그를 '아무개'라고 불러준다는 기반 위에서만, 사랑을 속삭이고 은행계좌의 돈을 지킬 수 있다. 훗날 묘비에 이름 석 자라도 새기는 개평도 얻게 된다. 그래서 '아무개'란 남들의 마음속으로 파고들어가 아무개를 매설하려는 의지와 행위의 총체다. 멋지게 말하면 권위이고, 무심히 말하면 삽질쯤 되겠다. '아무개'를 추구하는 아무개는, 혼자서는 식당에서 밥을 먹지 못한다.

아무개에 대한 기억의 형식이 공유이고 다생多生일 때, 아무개의 생애는 두께와 기름기를 더한다. 보다 많은 눈과 귀들이 '아무개'를 살갑게 인식해주길 바라면서, 아무개는 성실히 인맥을 관리하고 열심히 부조금을 내며 부단히 윗선의 기분과 권력의 추이를 살핀다. 더구나 그 기억은 환전換錢이 가능하다. 아무개가 죽으면 남겨진 혈육들이 문상객 유치에 최선을 다 하는 처신도 비슷한 맥락이다.

아무개의 '판로販路'를 터주기 위해 불철주야 뛰어다니는 '아무개'는, 정치를 하면 크게 성공을 거둘 사람이고 고독을 패배라고 생각하는 사람이다. '아무개'를 위한 투자와 유세가 거세질수록, '아무개' 없인 못 산다는 고집과, 누구든 '아무개' 편을 들어야 한다는 똥고집을 마음의 양식으로 삼는다. '아무개'의 빛나는 이름 주변에는 항시 웃음소리가 끊이지 않아, 매우 시끄럽다.

이름이 볼품없는 삶은 고되고,
이름을 거부하는 삶은 외롭다

자궁에서 빠져나와 받는 최초의 이름은 대부분 근사하다. 부모와 조상들의 애정과 기대가 투영된 덕분이다. 또한 가장 훌륭한 효도는 성공이며, 이는 통상적으로 이름의 드높임과 드날림의 방식으로 전개된다. 아울러 나이를 먹을수록 더 많은 이름들이 개인에게 달라붙는다. 어떤 이름을 소유하느냐에 따라 몸이 누리는 신세가 확연히 달라지므로, 이름을 겨냥한 몸들의 동경과 투쟁은 보편적이다.

실제로 윗사람은 아랫사람의 이름을 함부로 부를 수 있다. 검사와 검사보, 간호사와 간호조무사, 사장과 '페이pay' 사장의 차이에서 보듯, 으레 짧고 굵은 이름을 가진 자들의 신수가 대체로 야무지다. 다만 값진 이름에도 단점이 있기는 하다. 이름의 품위를 유

밥을 먹을 때는 밥맛을 따지고, 욕을 먹을 때는 밥맛이 없다. 올라가는 걸음은 힘들지만 설레고, 내려가는 걸음은 가볍지만 허하다. 순간순간 맞닥뜨리는 인연과 조건 속에서 나의 생각과 처지는 수시로 변화하며 때론 돌변한다. 그러므로 달마의 '모르쇠'는 정치적 항변 이전에 순수한 고백이다. 실제로 '이것이 진정한 나'라고 따로 못 박을 만한 것은 없기 때문이다. 밥을 먹을 때의 내가 다르고, 산에 오를 때의 내가 다르다. 뭐니 뭐니 해도 똥을 누기 전과 똥을 눈 다음의 내가 무지막지하게 다르다!

. . . .

. . . .

. . . .

지하기 위해 옷차림과 자가용의 배기량에 좀 더 신경을 써야 하고, 별로 흥미를 느끼지 못해도 골프를 치러 다녀줘야 한다. 더구나 잘난 이름은 반드시 그보다 조금 못난 이름들의 표적이 되기 십상이다. 구설에 취약하고 배신이 걱정된다. 물론 호사다마라지만, 호사를 마다할 속물은 없다.

　　반면 보리달마의 법문을 공부한 '귀차니스트'들은 이름의 쟁취와 거래에 데면데면하다. 남들을 이기고 획득한 이름은 남들이 자주 불러줘야만 그 빛을 발하므로, 남들과 부대끼는 숙업宿業에서 평생을 헤어날 수가 없다는 입장이다. 선사들의 오랜 화두인 '부모미생전 본래진면목父母未生前 本來眞面目'은 대표적인 어깃장이다. "부모에게서 태어나기 전 나의 진짜 모습은 무엇인가." 눈요기와 입방아의 재료로 떠도는 가아假我를 내던져버리고, 억압당하지 않고 소비되지 않을 '참나'를 찾으라는 독려다.

몸뚱이란 죽으면 헤질 누더기이며, 이름이란 남들이 찍어놓은 낙인이거나 짬짬이 씹어 먹으려고 보관해둔 안주거리에 불과하다. 그래도 일정량의 '아무개'는 이른바 사람 사는 세상에서 현실이고 수완이다. 이름이 볼품없는 삶은 고되고, 이름을 거부하는 삶은 외롭다. 그러므로 홀로 잠자코 '본래부처'로 산다는 건 궁핍과 천대를 자초하는 일인지도 모른다.

임금은 그저 이름이 임금일 뿐

'관등성명'과 '복명복창.' 국법에 따라 군대에 던져졌을 때, 유난히 낯설고 낯 뜨겁게 느껴졌던 문화다. 관등성명은 하급자가 상급자 앞에서 자기의 계급과 본명을 함께 밝히는 일이며, 복명복창은 상관의 명령을 되풀이해 말하는 일이다. "~하라"는 지시를 들었으면, "~"을 토씨 하나 틀리지 않고 반복해서 읊어야 하며 "~하겠습니다"로 마무리해야 하는 대답이다. 요컨대 두 가지 독특한 제식制式은 최선을 다해 노예가 되겠다는 우렁찬 선언이며, 인간이었음을 뉘우치고 로봇으로 거듭나겠다는 서약인 셈이다.

병영에선 관등성명과 복명복창을 외치는 육성肉聲의 강도가,

국가에 대한 충성도를 가늠하는 척도로 여겨진다. 하지만 당사자에겐, 가뜩이나 두려운 조직으로부터 위해를 당할까 두려워 고육지책으로 사용하는 위장술인 경우가 많다. 숨김과 속임을 향한 궁리는, 전역 후에도 고스란히 승계되기 쉽다. 단지 영창에 대한 공포가 월급에 대한 공포로 대체될 뿐이다.

신권神權이 지배했던 유럽의 중세는 실재론이 대세였다. 실재론자들은 모든 사물은 신의 섭리 속에 존재하며, 신이 낱낱에 부여한 속성과 쓰임이 실재한다고 믿었다. 가령 임금은 '임금'이란 이름에 걸맞게, 신성과 지혜와 능력을 보유한 인물이다. 그러니 스스로 으스대면서 권위적어야 하며, 백성은 그에게 의심을 품거나 저항해선 안 된다는 주의主義다. 실재론의 시각에선 이름이 곧 본성인 것이다.

나아가 이름이 본성이라면, 이름은 결국 계급이 된다. 날 때부터 '상놈'인 자는, 태생이 '양반'인 자와 죽었다 깨어나도 자리를 뒤바꾸지 못한다. 이와 반대로 유명론唯名論은 이름과 본성은 무관하다고 주장한 이단적 사조다. 임금은 그저 이름이 임금일 뿐이며, 임금이 백성을 지배하는 건 섭리가 아니라 억지라는 지적이다.

....
어느 것이 진정한 '나'인가?

"당신이 쌓은 공덕은 신기루"라던 보리달마의 신랄한 비판은, 평생토록 공덕을 쌓아올린 양무제의 일생을 짓밟는 것이었다. 그러니 그에게 남은 유일하고도 확실한 대안은 계급에의 호소다. "짐朕을 대하는 그대는 누구냐?"는 양무제의 질문은, '감히 황제에게 막말을 일삼는 너는 도대체 뭐하는 놈이냐?'는 관등성명의 요구로 해석할 수 있다. 짐 앞에 진리는 무의미하고 짐의 매를 이길 장사는 없으니, 알아서 기라는 겁박이다. 양무제의 불쾌한 물음은 매우 실재론적이다. 하지만 보리달마에게 양무제는 일개 자연인, 그것도 철없는 자연인에 지나지 않았다. 달마는 "모르겠다[不識]."고 대답함으로써 끝까지 대화의 주도권을 빼앗기지 않았다. 다시 말하면 너 따위가 알아서 뭐하게?!

깨달은 달마는 이미 벽이었다. 왕후장상은커녕, 목숨이라는 절체절명의 '이름'에도 무감할 수 있는 돌덩어리였던 것이다. '짐'이라는 호칭의 무게와 화력도, 사실은 한낱 '개똥이'와 같은 가치에 지나지 않는다는 사실을 똑똑히 직시하고 있다. 달마는 동양의 유명론자요 시대를 훌쩍 앞서간 공화주의자였다. 엄청난 이름 앞에서도 일절 당황하지 않았던 결기가 새삼 놀랍다.

밥을 먹을 때는 밥맛을 따지고, 욕을 먹을 때는 밥맛이 없다. 올라가는 걸음은 힘들지만 설레고, 내려가는 걸음은 가볍지만 허하다. 순간순간 맞닥뜨리는 인연과 조건 속에서 나의 생각과 처지는 수시로 변화하며 때론 돌변한다. 그러므로 달마의 '모르쇠'는 정치적 항변 이전에 순수한 고백이다. 실제로 '이것이 진정한 나'라고 따로 못 박을 만한 것은 없기 때문이다. 밥을 먹을 때의 내가 다르고, 산에 오를 때의 내가 다르다. 뭐니 뭐니 해도 똥을 누기 전과 똥을 눈 다음의 내가 무지막지하게 다르다!

선가禪家에서 '작용즉본성作用卽本性'이라고 일갈한 까닭이 여기에 있다. 일례로 손이 해야 할 일이 따로 있는 게 아니며, 지금 걸레를 빨고 있는 손이 본성에 충실한 것이다. 일상의 일거수일투족이 보람차고 소중하다는 가르침이자, 이름에 대한 환상과 추종을 떨치고 속 편하게 살라는 다독임이다. 덧붙여 진리나 경지로서의 '참나'란 것도 너무 막연하다. 깨달음이 무슨 벼슬이나 자랑거리로 횡행하는 세태에선 더욱 의뭉스럽다. 하여 실생활의 관점에서 단출하게 처리할 필요를 느낀다. 잡다하고 허접한 '나'들을 얼마나 흔쾌히 받아들일 수 있느냐는…, 용기와 관련된 문제란 것이다. '지위'로서의 나는 불안하고 '기능'으로서의 나는 피로하다.

마음이 불안하면
헛것이 보이고,
조금 더 불안하면
유일신이 보인다

**황금으로
번쩍이는
부처님**

지레 기죽지 말고
함부로 기죽이지 말라

'근본'이라고 하면 뭔가 그럴듯 해 보이고, '원조'라고 하면 왠지 천박한 느낌이다. 하지만 요식업 계에선 '원조 돼지갈비집' 간판은 걸어도, '근본 돼지갈비집'이라고는 민망해서 못 쓴다. 이렇듯 근본은 고상하되 추상적이고, 원조는 용렬하되 실용적이다. 각자에게 나름의 쓸모가 있는 것이다.

흔히 초기불교에 대한 관심은 근본불교에 대한 집착으로 전이된다. 동시에 "부처를 만나면 부처를 죽이라"는 말로 대변되는 선(禪) 불교에 대한 비판은, '근본도 없는 불교'라는 비난으로 심화

되기 일쑤다. 부처님의 육성을 담았느냐 아니냐를 두고 벌이는 논쟁은, 진실 이전에 아집의 문제다. 부처님이 돼지갈비를 뜯었을 리야 만무하나, 맨 처음 어느 집에서 걸식을 했느냐를 두고 말다툼을 하는 모양새로 보여 마뜩치가 않다. 정통正統보다 중요한 것은 정견正見이며, 무심無心보다 맑은 진심眞心은 없다. 바람은 상처를 입지 않는다.

선가禪家에서 말하는 불교의 교리적 특성인 무유정법無有定法. "진리를 따로 무어라 정할 수 없다."는 가르침은 삶에 대해서도 시비와 우열을 따지지 말라고 가르친다. "계곡의 물소리가 부처님의 말씀이요 산의 모습이 그대로 부처님의 몸(溪聲便是長廣舌 山色豈非清淨身, 계성변시장광설 산색기비청정신)"이라던 소동파蘇東坡의 한시 구절은 무유정법에 관한 대표적인 수사修辭다.

굳이 위인의 명언을 들이대지 않아도 "사는 거 다 거기서 거기"라는 싱거운 격려로도 벌충할 수 있는 가치다. 이는 얼핏 평범해 보여도 '지레 기죽지 말라'는 자유와 '함부로 기죽이지 말라'는 자비의 법문이 내장된 말이다. 결국 이 정도의 희멀건 자유와 자비만으로도 스스로 흡족하고 세상이 평안하겠으나, '대자유'와 '대자비'라는 허우대에 연연하는 게 또한 인간의 살림이다. 그래서 무심의 기반은 고독이며 모든 도인은 산에서 산다.

실크로드를 오가는 수레엔 경제와 함께 종교도 실렸다. 불교의 중국 전래시기에 관해선 예닐곱 가지의 설이 제기된다. '이존伊存의 불교구수설佛敎口授說'이 보편적이다. 기원전 2년 경로景盧라는 이름의 관리가, 인도 쿠샨왕조의 사신으로 중국에 온 이존에게서, '부도교浮屠敎'란 게 있다는 사실을 전해 들었다는 내용이다. 1998년 중국불교협회는 불교유입 2000주년 기념행사를 성대하게 치렀다.

반면 '후한後漢 명제明帝의 영평永平 10년설'은 신화적이다. 서기西紀 67년 어느 날 밤 명제는 꿈을 꿨는데, 하늘에서 궁궐로 내려오는 금인金人을 봤다. 휘황하고 상서로운 부처님의 모습을 통해 불교의 존재를 알게 된 명제는, 신하 18인을 서역으로 보내 불상과 경전을 구해오도록 했다. 이후 중국불교는 황제의 모범과 장려 아래, 전국에 '금인'을 마구잡이로 세우는 형식으로 유행했다.

불교가 도래하기 이전 중국인들에겐 특별한 내세관이 없었다. 그래서 '육체는 썩어도 영혼은 소멸하지 않으며, 착한 투자는 착한 수익으로 돌아온다'는 불교의 윤회와 인과응보의 논리는 자못 충격이었다는 전언이다. 그들에게 부처님은 신神이었으며, 최후의 심판 앞에서 당당하려면 부지런히 공덕을 지어야 했다. 기복祈福은 신앙의 본의本義는 아니지만 본질이다.

일반인들에게 교리敎理는 어렵고 선행善行은 종교를 믿지 않아도 할 수 있다. 종국엔 교조敎祖의 신성성이 교단의 위세와 포교의 속도를 좌우하게 마련이다. 아울러 부처님보다 '있어 보이는' 게 황금으로 번쩍이는 부처님이다. 사람들은 다음 생에서도 혹은 다음 생에서라도 행복하기를 바라며, 불상을 만들거나 불상을 만들 돈을 댔다. 돈이 없는 자들은 불상 앞에 바짝 엎드리며 몸으로 때웠다.

금인에 중독된 사람들

공고한 전제군주체제에서 황제의 불교에 대한 호불호는 교단의 명운을 좌우했다. 세속적 절대자의 비위를 맞추는 최선의 방법은, 그를 종교적 절대자와 동일시하는 것이다. 특히 불교는 외래종교라는 핸디캡을 지녔다. '황제가 곧 부처'라는 사탕발림과 함께 '노블리스'에 대한 충성은 불가피한 선택이었다.

남북조시대는 이민족의 침략으로 시작된 역사이며, 왕조들의 수명이 채 반세기를 이어가지 못하던 난중의 역사였다. 황제를 죽이고 황제가 된 황제는, 영원한 권력을 꿈꾸며 불사를 일으켰다. 귀족들은 귀족들대로 사사私寺를 짓고 사승私僧을 키우며 자기들의 권력에 분칠을 했다.

북조를 최초로 통일한 북위는 수도를 낙양으로 옮겼다. 오래지 않아 도시 건물의 3분의1은 사찰로 채워졌다. 낙양의 '랜드마크'였던 영녕사永寧寺에는 높이 1,000자(300m)에 달하는 9층탑이 있어 100리(40km) 밖에서도 볼 수 있었다. 불전佛殿에는 금불상 3,000구가 번들거렸다.

남조의 위정자들 역시 더 크고 아름다운 금인을 봉안하는 데 총력을 기울였다. 북조에선 두 차례 법난法難이라도 일어났건만, 양 무제는 말할 것도 없고 송 제 양 진의 지배층 모두가 일관되게 불교를 보호했다. 국가재정은 바닥나고 백성들은 노역에 지쳤으나, 그들은 한사코 금인이 되고자 했다.

불교와 도교의 경쟁관계

『노자화호경老子化胡經』은 대표적인 위경僞經이다. 부처님이 직접 가르친 내용이 아니라, 후대의 누군가가 임의로 지어낸 거짓 경전이란 뜻이다. '도교를 창시한 노자가 원래 부처님이었으며, 그가 오랑캐 땅인 인도에 들어가 교화했던 기록이 바로 불교'라는 게 『노자화호경』의 줄거리다. 책의 저술과 유포는 종교적이라기보다 정치적이다.

저자는 왕부王孚라는 인물로, 도교의 사제였다. 곧 도교가 불교의 원조이며, 비할 바 없이 우월하다는 것을 강변하기 위한 탐욕의 산물이다. 어떤 면에선 해탈과 초월을 권하는 불교와의 이념적 동질성에서 비롯된 견강부회이기도 하다.

유교는 행정과 민생에 밝았다. 그만큼 황제가 충복으로 삼기에 알맞은 이데올로기였다. 그렇지만 "내 아직 삶을 다 알지 못했는데 하물며 죽음을 알 수 있겠는가."라는 공자孔子의 겸손에서 보듯, 죽음 이후의 문제에 대해서는 젬병이었다.

이에 반해 극락極樂과 장생長生을 속삭이는 불교와 도교는, 사후세계 대비를 위한 동반자로 측근에 둘 만 했다. 그리고 불교와 도교는 전 국민을 대상으로 더 많은 '보험계약'을 유치하려 애쓰면서, 오래도록 치열한 경쟁관계를 형성했다. 무엇보다 황제의 편애와 차별은 전황戰況을 순식간에 바꿔놓았다. 불교에 취한 황제는 도교를 폐했고, 도교를 탐한 황제는 불교의 대를 끊었다.

발전과 타락은 동시에 치성한다

양무제의 뜨거웠던 불심이 전형적인 봉불奉佛의 사례라면, 삼무일종三武一宗의 법난은 손꼽을 멸불滅佛이다. 이름에 '무武'가 들어가는 3인의 황제와 '종宗'이 들어가는 1인의 황제가 자행한 불교 박해를 가리킨다. 북위北魏의 태무제(446년), 북주北周의 무제(574년), 당唐의 무종(842년), 후주後周의 세종(955년)이 장본인이다. 법난의 주체는 달랐지만, 사찰을 무너뜨리고 경전을 불태우고 스님들을 대거 환속시키는 형식은 대동소이했다.

교단의 발전과 타락이 동시에 치성할 때 저질러진 폭력이란 점도 비슷하다. 개오蓋鳴의 난을 평정하려 친히 나섰던 태무제는,

달마는 「혈맥론血脈論」에서 "오직 견성만이
구도求道의 시작이자 끝"이라며 반복해서 강조하고 있다.
본성을 보라는 것이며, '지금 이 마음이 부처의 마음'임을
직시하라는 것이다. 갖가지 잡동사니가 드나드는
현재의 마음이 절대적으로 고귀한 마음이니,
따로 금인을 구하지 말라는 역설力說이다.

. . . .

. . . .

. . . .

우연히 들른 장안長安의 어느 절에서 병기창과 양조장과 매춘부를
발견하곤 진노했다. 승가僧伽 안에도 금인이 되고 싶은 자들이 적
지 않았던 셈이다.

보리달마는 서기 527년에 중국으로 건너왔다. 첫 번째 법
난이 일어난 446년과 두 번째 법난이 일어난 574년 사이다. 태무
제의 폐불廢佛은 6년 뒤 그가 숨지면서 자연스레 그쳐졌고, 교단의
외장은 다시 일으켜 세워졌다. 그런데 양무제와의 면담에서 보듯,
달마는 '꽃단장'을 체질적으로 싫어하던 사람이었다. 그가 지었다
는 「파상론破相論」에는 '묻지마' 식 불사에 대한 불만이 나타난다.

"가만히 보니, 요즘 식견이 얕은 자들이 오직 불상을 모시
면 공덕이 되는 줄 알고 널리 재물을 낭비하며, 물과 땅을 손상시
키고, 헛되이 사람들을 부려 … (중략) … 자신도 손해를 보고 남도
미혹하게 하면서도 부끄러울 줄 모르나니, 어찌 깨달을 수 있겠는

가.” 숭불崇佛이 나라를 망치는 만큼, 무불無佛이란 방편이 요청됐던 시절이다.

....
너의 마음이 금인이니
....
따로 금인을 구하지 말라

「파상론」은 위작僞作이라는 게 일반적인 견해다. 인용한 문구가 달마의 친설이 아니라면, 당시 억눌렸던 민중의 감정이입이거나 불교계 지식계급의 자성이라고 헤아려볼 수 있다. 달마에서 출발한 조사선의 핵심적인 의의는, 금부처님이라는 상相을 부숨[破]으로써, 낱낱의 개인들에게 존엄성과 현실감을 돌려줬다는 것이다.

「파상론」의 구절을 의역하자면 “스스로 부처가 되면 금전적으로 손해 볼 일이 없고 환경파괴도 막을 수 있을뿐더러, 자기에게 홀가분하고 남에게도 폐 끼칠 일이 없다.”쯤 되겠다. 달마의 계도에 힘입어 깨달음은 천상에서 일상으로 내려왔으며, 신앙은 자기 자신에 대한 확신으로 변모했다. 만약 조사선이 출현하지 않았더라면, 중국불교는 힌두교에 흡수된 인도불교의 전철을 밟았을 공산이 크다. 덕담해주고 헌금을 걷고 제사 지내주고 우리의 신을 믿으라고 바득바득 우기는 일은, 어느 종교나 쉬이 할 수 있는 일이다.

달마의 무심無心이란 말 그대로 무심한 것이다. 아무런 생각이 없는 상태이며, 이것에 대한 애착과 저것에 대한 회피가 소멸한 상태다. 그러나 견성이 전제되지 않은 무심은 '멍 때리기'의 범주를 벗어나기 힘들다. 달마는 「혈맥론血脈論」에서 "오직 견성만이 구도求道의 시작이자 끝"이라며 반복해서 강조하고 있다. 본성을 보라는 것이며, '지금 이 마음이 부처의 마음'임을 직시하라는 것이다. 갖가지 잡동사니가 드나드는 현재의 마음이 절대적으로 고귀한 마음이니, 따로 금인을 구하지 말라는 역설力說이다.

참다운 무심이란 생각하되 그 생각에 얽매이지 않는 내공이고, 집중하되 집착하지 않는 실천이다. 되는 일이 없을 때는 되는 대로 버티고, 무기력할 때는 무기력을 긍정할 것. "범부와 성인이 함께 건널 순 없겠으나, 초연하면 조사祖師라 부르리라."(「안심법문」) 마음이 불안하면 헛것이 보이고, 조금 더 불안하면 유일신이 보인다.

갈 길은 먼데
눈이 내린다,
갈 길이 있고
눈은 내렸다

혜가단비,
스스로
팔을 자른 혜가

혜가: 제 마음이 편안하지 못하니, 스님께서 편안하게 해주소서.

달마: 마음을 가지고 오너라. 그러면 편안하게 해주리라.

혜가: 마음을 아무리 찾아도 찾을 수가 없습니다.

달마: 나는 이미 너의 마음을 편안하게 해주었다.

－『전등록』

눈물은 슬프지만 영롱하다

1907년 중국의 3대 석굴 가운데 하나인 둔황[敦煌]의 막고

굴莫高窟에서, 다량의 고문서가 출토됐다. 이른바 '돈황문서敦煌文書'에는 보리달마가 법문한 「이입사행론理入四行論」도 끼어 있었다. 달마가 역사적 실체였음을 입증했다는 문헌이다. 한편으로 중국인에게 보리달마는 외국인이었고, 그는 중국어를 할 줄 몰랐던 것 같다. 「이입사행론」은 제자인 담림曇林이 엮었다. 담림은 범어와 중국어에 능통한 역경승譯經僧이었다. 결국 달마의 지속적인 침묵은 언어 소통의 어려움에서 연유했을 확률이 높다.

평소의 행보에 비춰보면, 대인관계 자체에 회의를 느꼈던 인물로도 사료된다. "세간에서 기리는 보석의 광명은 상대할 것이 못 된다"던 핀잔엔, 인류 일반의 셈법에 대한 혐오가 곤추섰다. 친부의 죽음 앞에서도 무덤덤했으니, 세상만사 어떤 일이 그를 흔들 수 있겠나 싶다. 양무제와의 결별에선 권력에 대한 공포감을 상쇄할 만큼, 속물에 대한 경멸감이 크다는 사실이 확인된다. '희망은 망상일 뿐'이라고 단언하는 자에게, 조언을 구하거나 점을 치러 올 이는 드물다. 소림사가 사찰이 아니라, 아예 깊은 동굴과 같은 것이었으리라 넘겨짚는 근거이기도 하다.

혜가(慧可, 487~593)는 달마의 오랜 벽관을 깬 사람이다. 스스로 팔을 자르는 고통을 감수함으로써, 달마의 마음을 기어이 움직였다. 폭설이 내리는 날이었고 그에겐 되돌아갈 길이 없었다. 문전박대로 일관하던 달마는, 새하얀 눈밭에 시뻘건 피를 뿌리며 펄떡거리는 팔뚝을 보자, 비로소 입을 뗐다. 마음의 평화를 얻겠다고 몸의 평화를 제 손으로 파괴한 불세출의 고집쟁이를, 어떻게든 달래

주어야 했던 것이다.

역사에 남은 달마의 첫 중국 현지 설법은, 역사적인 자해에서 비롯된 셈이다. 의례히 권장되는 '열린' 마음은 어쩔 수 없이 '멀쩡한' 마음이어서, 걸핏하면 재고 망설이며 번복한다. 그야말로 산산이 부서지고 찢겨져서 걸레가 된 마음만이, 순수한 연민을 유발하는 법이다. 눈물은 슬프지만, 영롱하다.

원인불명의 '마흔앓이'

혜가가 달마에게 왼팔을 끊어 바치며 법문을 구하는 장면은 〈혜가단비도慧可斷臂圖〉란 수묵화로 곧잘 그려졌다. '단비'는 아무리 심한 육체적 고통도 정신적 고통만 못 하다는 절절한 심경의 표현이다. 전통적으로 선가禪家에선, 육신을 내던질 만큼의 지극한 구도행이라고 단비의 명분을 평가한다.

위법망구(爲法忘軀, 법을 위해 몸을 돌보지 않는다)의 순결한 이념을 의심할 생각은 없다. 그래도 손목을 긋는 정도가 아니라 팔을 자를 정도의 현실이었다면, 말 못하거나 말로 다 못할 사연 하나쯤은 갖고 있게 마련이다. 아쉽게도 혜가를 괴롭게 했던 절망의 연원은 불투명하다. 어쩌면 충동조절장애 증후군을 앓은 것이 아닌가 하는 추측. 혜가의 아명은 광광光光인데, 친모가 태몽에서 '기묘한 빛'을 보고 지어준 이름이라고 전한다.

일찍이 유학의 시서詩書를 섭렵하고 32세에 대소승大小乘 모든 불법에 대한 공부를 마쳤다는 사실을 감안하면, '광광'은 천재의 암시다. 이후 40세가 된 어느 날 선정에 든 가운데 신인神人을 만나면서 인생이 바뀌었다. "대도大道는 멀리 있지 않으니 남쪽으로 가라"는 계시를 받고 신광神光이라 개명改名했다.

그런데 이상하게도 그날부터 머리가 빠개질 듯 아팠다고 한다. 하늘에선 "너의 아픔은 예사 아픔이 아니다. 뼈를 바꾸는 것이다."란 덕담이 들려왔다. 그러나 "머리에 다섯 개의 봉우리가 솟을" 만큼의 통증을 없애주진 못했다. 남쪽엔 소림사가 있었고 대도는 달마였다. 혜가의 남행은 극심한 두통과, 원인불명의 '마흔앓이'를 치료하기 위한 길이었다.

....
우울증이 마음의 감기라고?

흔히 우울증을 '마음의 감기'라고 한다. 하지만 걸려본 사람은 안다. 감기 따위로 치부할 수 있는 병이 아니라는 걸. 자살자의 80% 이상이 우울증 환자다. 갑자기 아무 일을 하지 못하게 되는 무기력감과 앞으로도 아무 일을 할 수 없으리란 공포감이, 가스 배관에 줄을 매달거나 번개탄을 사러 가게 한다. 나는 2014년 5월 23일 오후 8시 17분을 잊지 못할 것이다.

도무지 잠을 못 자는, 가슴에서 불이 나는, 숨이 막히는, 늪

속으로 조금씩 빠져드는 것 같은, 정말 무섭고 끔찍한 상태다. 머릿속의 지옥을 경험한 전력前歷으로 인해, 어느 날 불현듯 찾아온 혜가의 신병神病을 자꾸만 그쪽으로 몰고 가게 된다. 혜가가 아니므로 그에게 왜 우울증이 발병했는지는 알아낼 방법이 없다. 아무튼, 앓았다.

심각한 우울증 환자는 하루 종일 누워 지낸다. 누워서 TV를 보거나 책을 읽는 게 아니라, 그냥 누워만 있다. 일상에 대한 흥미와 의무를 완전히 잃어버린다. 쓸모없는 존재가 돼버렸다는 자기모멸과 하나가 되어. 자살을 할 기력이 없어서 자살도 못하는데, 이런 사람들은 회복되는 기미가 보일 때 조심해야 한다. 결국 혜가가 유일한 희망인 달마를 찾아 악천후를 뚫고 도보여행에 나섰다는 것은, 병세에 차도가 있었거나 낫겠다는 의지가 그만큼 컸다는 것을 시사한다.

그러나 갖은 고생 끝에 겨우 잡은 '지푸라기'는, 그저 지푸라기에 불과한 듯했다. 먼 길을 걸어왔으니 몸은 지치고, 큰 눈이 내렸으니 모질게 춥고, 무엇보다 절박하게 그리워하던 사람은 도대체 말이 없고…. 게다가 설경雪景은 정신착란을 일으키기에 좋은 소재다. 꼭지가 돌지 않는 게 외려 더 이상한 상황이다.

어디에도 마음이 없다는 사실에, 혜가는 퍼뜩 집히는 것이 있었다. 달마는 깨달음을 성취한 혜가를, 최초의 중국인 제자로 받아들였다. 이름도 신광에서 혜가로 바꿔줬다. '충분히 지혜롭다'는 뜻이다. 신이하고 영광스러운 이야기이면서, 미심쩍고 어처구니없는 이야기다. "마음을 찾아도 찾을 수 없다"는 호소에 대한 "나는 이미 너의 마음을 편안하게 주었다"는 응수는 아무래도 석연치 않다. 논리적 함수관계가 성립하지 않는 탓이다. 물론 마음의 실체가 따로 없다는 인식은 합리적이다. 하지만 시도 때도 없이 들썩이는 마음의 현상에 대해선 설명해주지 못한다. 마음은 어디에도 없지만, 언제나 아프다.

그러나 달마의 이 한 마디에 혜가는 절대적인 평안을 획득했다는 건 공인된 사건이다. 결론적으로, 마음의 잡다한 현상이 곧 마음의 순수한 본질이니, 너무 신경 쓰거나 자책하지 말라는 게 달마의 지적이다. 무심無心이 곧 안심安心이란 가르침은 '어디에도 마음을 쓰지 말라'는 권고인 동시에, '어디에나 마음이 쓰일 수밖에 없는 삶을 달갑게 받아들이라'는 위로다.

마음은 왜 아픈가. 몸이 살아있기 때문이다. 그러므로 불안하다는 건 살아있다는 증거이자 생명으로선 어찌할 수 없는 도리다. 바꿔 말하면 불안을 흔쾌히 인정하고서야, 참다운 안정이 찾아온다. "악을 보고도 질색하지 않고, 선을 보고도 애쓰지 않는다.

지혜를 저버리고 어리석음과 가까이 하지 않되, 미혹을 떠나 깨달음에 나아가지도 않는다."는 「안심법문」에서, 그가 지향한 청정淸淨은 정화가 아니라 무화無化임을 읽을 수 있다. 탁한 마음에 표백제를 섞거나 병든 마음을 애먼 굿판에 맡기지 말고, 탁하면 탁한 대로 인정하고 병들면 병든 대로 나아갈 것.

특히 우울증 환자에겐 시간이 약이고 휴식이 묘약이다. 하기야 요즘엔 좋은 약이 많이 출시됐다. 때 거르지 않고 복용하는 게 중요하고, 초기에 잡는 게 중요하다. 개인차가 있지만 최대 8주면 크게 호전된다. 아무 일도 할 수 없다면 당분간 아무 일도 하지 말아야 한다. 어차피 되지도 않는다. 차라리 그럴 시간에, 나을 수 있다는 믿음만 잊지 않고 무작정 쉬는 게 좋다. 산다는 건 태어남과 죽음 사이에 난 외길이며, 아무리 전전긍긍해봐야 새로운 길은 솟아나지 않는다.

지금 썩어문드러진 몸은,
언젠가는 썩어문드러질 몸

2조 혜가와 3조 승찬僧璨의 만남은 더욱 극적이다. 승찬은 문둥이였다. 땅에서 천대받고 하늘에게서 버림받은 인간이었다. 그는 괴질怪疾의 통증에 울고, 천형天刑이란 절망에 몸서리쳤다. "죄를 씻어 달라"는 승찬의 애원에, 혜가는 달마와 똑같은 방식으로

'산다는 건 이러나저러나 산다는 것'일 뿐이라는 알맹이에 도달하면, '사는 게 사는 게 아니다'라는 탄식과 상대할 필요가 없게 된다. '특별하다'는 껍데기와 '괴상하다'는 지청구로부터도 자유로울 수 있다. 그러므로 '무심'은 최악의 상황을 견딜 수 있는 각오이자 저력이기도 하다. 상처는 기필코 아문다. 서두르지 마라.

· · · · · · · ·

· · · · · · · ·

· · · · · · · ·

문답을 이끌었다.

"죄를 찾아도 찾을 수 없습니다." "그대의 죄는 이미 참회되었다." 천형이란 스스로를 업신여기는 자신과, 그 모습이 반가워 기꺼이 업신여겨주는 남들의 작당이었던 것이다. 죄는 처벌될 뿐, 실재하지 않는다. 신기하게도 이후 승찬의 풍병은 아물었다고 한다. 무심無心과 무병無病의 병리학적 상관관계는 진지하게 따져봐야 할 문제다. 단지, 이제 썩어문드러진 몸은, 언젠가는 썩어문드러질 몸이었다는 통찰! 도인의 삶은 용서할 일도 용서받을 일도 없는 괴물의 삶이다.

한편 혜가는 폐쇄적이었던 달마와는 달리 천성이 꽤나 활달했던 듯싶다. "어릴 때부터 집 밖으로 나돌며 산천에서 뛰어놀기를 좋아하였다."(『전등록』) 승찬을 후계자로 정하는 등 문중門衆을 양성한 뒤, 그는 철저한 소시민으로 말년을 보냈다. "술집에도 들르고 고깃간도 찾고 거리의 잡담을 익히고 품팔이도 하는" 시정잡배로 전락한 스승을, 제자들은 차마 눈을 뜨고 볼 수가 없었다.

"스님께서는 도인이신데 왜 이렇게 사십니까?" 이에 혜가는 "내 마음을 내가 길들이고 있는 중인데 너희들이 웬 참견이냐."며 물렸다. 혜가의 파계破戒와 관련해 일설을 덧붙이자면, 북주北周의 무제가 일으킨 중국불교사 두 번째 법난(574년)으로 만신창이가 된 승단에 대한 상징이라고 이른다. 아울러 실제로는 팔도 '자른' 게 아니라 난리 통에 '잘렸다'는 것이다.

⋯⋯⋯⋯⋯⋯⋯⋯⋯⋯⋯⋯⋯⋯⋯⋯⋯
다시 걸음으로써, 다만 걸음으로써

역사적 배경을 제쳐둔다면, 혜가의 '몰락'은 자발적이다. 내 마음 내가 길들인다 ⋯ 그의 순심順心은 바깥 경계에 얽매이지 않으려는 노력으로 읽힌다. 마음에 아무거나 왔다 가게 놓아두는 마음은, 아무것도 잡아두려 하지 않는 마음이다.

'산다는 건 이러나저러나 산다는 것'일 뿐이라는 알맹이에 도달하면, '사는 게 사는 게 아니다'라는 탄식과 상대할 필요가 없게 된다. '특별하다'는 껍데기와 '괴상하다'는 지청구로부터도 자유로울 수 있다. 그러므로 '무심'은 최악의 상황을 견딜 수 있는 각오이자 저력이기도 하다. 상처는 기필코 아문다. 서두르지 마라.

달마가 줄곧 강조한 본성本性이란, 고귀함도 우월함도 신령스러움도 아니다. 이 순간 그대로의 모습을 뜻한다. 아울러 견성見性이란 이번 생에 주어져 있는 몸뚱이 외에는 별달리 진실이라 말할 것이 없다는 고찰이고 확신이다. '누구 아들', '어디 소속', '나의 한계', '남의 허물' 따위의 더께를 걷어낸 뒤에 남는 최후의 자아는, 단출하지만 단단하다.

얼핏 요란하고 비열한 현실에선 조금도 도움이 되지 않는 힘이지만, 현실을 깡그리 무시할 수 있는 힘이라는 점에서는 제법 요긴하다. '다들, 개와 소의 일이다. 개의치 말라'는 한없이 차갑고 투명한 미소. 그 미소는 "갈 길은 먼데 눈이 내린다"는 문장을 "갈 길이 있고 눈은 내렸다"는 문장으로 바꿔놓는 마력을 지녔다. 다시 걸음으로써, 다만 걸음으로써, 나는 나의 마음을 편안하게 해주었다.

인생을 함부로
살지 않는 자의
표정은 늘 검고
서늘하다

업,
살아있음의
숙명

산다는 건 업을 짓는 일

업業은 으레 죄의 관점에서 다뤄진다. "모든 게 내 업보"라는 한탄이 그렇고 "업장業障을 씻어야한다"는 권유가 그렇다. 이른바 신구의身口意 삼업三業. 불교에선 몸과 입이 행하는 폭력 그리고 폭력의 씨앗이 되는 탐욕과 분노의 억제를 재우친다.

하지만 인생이란 게, 따지고 보면 움직이고 말하고 뜻한 것의 총체다. 어디서 태어나 어느 학교를 졸업하고 무슨 직장에 다니며 때때로 어딘가를 여행하는 것 등등이 몸의 궤적이라면, 그 무수한 '거기'에서 '무언가'를 느끼고 '누군가'와 이야기를 나누는 일이

뜻과 입의 역사다.

　몸은 어그러졌지만 마음은 가지런한 장애인들을 많이 봐왔다. 아울러 입이 비뚤어졌어도 말은 제대로 할 수 있다. 참을 '인忍' 자 세 번만 마음에 새기면 살인을 면한다는 건, 교도소에서 자주 검증되는 속담이다.

　이렇듯 가만히 있거나 고분고분한 '신구의'는 흠결이 없다. 그러나 그것들이 이해관계와 결합하면 대번에 사고를 치거나 위험에 빠진다. 더구나 모든 생명의 존재양식은 '점유'여서, 대개 남이 가진 것을 빼앗거나 남이 가질 것을 먼저 차지해야만 목숨을 부지할 수 있다. 살아간다는 것 자체가 업을 짓는 일인 셈이다.

살아야 하니까 죄도 짓게 된다

　이 세상 모든 출생은, 단출하게 정리하면 부모의 욕심 혹은 성욕 때문이다. 자신의 의사와는 무관하게 남에 의해 주어져 이 땅에 내던져진 것이므로, 필연적으로 혼돈스럽고 괴롭다. 그렇지만 막상 태어나면 물리기도 싫은 게 또한 본능이다.

　살아있는 것들은 무슨 수를 써서라도 살아 있으려 한다. 업이란 것도, 이렇게 약도 없고 답도 없는 생의지生意志의 산물이다. 다만 살아있으니까 살아가는 것이고, 끝내 살아야 하니까 죄도 짓게 되는 것이다.

좀 더 길게 좀 더 멋지게 살고 싶다 보니, 자연스럽게 치졸해지고 뻔뻔해진다. 5분에 한 번씩 오리발을 내밀고 10분이 멀다 하고 시치미를 떼면서, 더 산다. 더 살고 싶어서, 더 욕한다.

똥을 싼 뒤에 거적을 덮고 침을 뱉고는 발로 비벼놓은 업의 진흙탕은, 더럽고 어둡고 어지럽다. 특히 삶에 집착할수록 그럴듯한 삶을 희망할수록, 진흙탕의 주인이 되고자 애간장을 태운다. 어두워서 남의 발을 밟고, 어지러워서 뇌물을 쓰며, 더러워서 더 더러워진다.

도인들이 은둔과 침묵과 무심의 일상을 유지하는 이유

욱하는 성격에 이성을 잃어, 오랜 세월 감옥에서 썩는 자들이 있다. 순간의 실수로 인해 신물이 나도록 반성하고 참회하는 사람들이다. 물론 업보가 무거워지고 업장이 두터워지는 까닭은, 끔찍한 악행만으론 설명되지 않는다. 살기 위해서 구체적으로는 지저분하게라도 살기 위해서, 너무 많이 움직이고 말하고 생각한 탓이다.

그러니 업을 줄이려면 가급적 덜 생각하고 덜 말하고 덜 움직이는 게 상책이다. 도인들이 은둔과 침묵과 무심의 일상을 유지하는 이유다. 허나 사람과 사람 사이에서만 돈이 생기고 자리가 나는 법이다. 더불어 사람과 사람을 겨눈 접선(몸)과 협상(말)과 계산(뜻)이 다양하고 정확할수록, 세속에서 성공할 확률이 높다. 동시에 꾸미거나 속이거나 으르지 않고 사람의 마음을 훔쳐오긴 어렵다. 남들보다 잘 산다는 건, 남들보다 더 많은 업을 쌓아올렸다는 것이다.

인과론因果論에 대한 주입식 교육은 인간을 선량케 하고 사회를 무탈케 한다. 선한 일이든 악한 일이든, 자신이 지은 행위의 가치에 걸맞은 결과가 반드시 돌아온다는 믿음. 하여 언행을 조심하고 분수에 충실한 것이 인과론자들의 세상살이다. 이와 같이 업에 대한 인간의 경외와 존중은 얼핏 성선설性善說의 근거로 보인다.

그러나 깊이 생각하면 생명의 근원적 불안을 암시하는 정서다. 착하고 순박하게 살면, 웬만해선 해코지를 당하지 않으리라는 일종의 보상심리다. 하지만 나무가 조용히 있고자 한들 바람이 가만 놔두질 않는다. 나무가 존재라면, 바람은 숙명이다. 업이 적은 삶은 응당 가난하고 외롭다. 아무것도 하지 않으면, 아무것도 하지 않은 것에 대한 과보를 받는 게 이치다. 존재한다는 건 언제 어디서고 먹잇감이 될 수 있다는 의미다.

보리달마 역시 삶과 업의 관계에 대해 무척이나 고심했던 것 같다. 보원행報怨行은 그가 설했다는 사행론四行論의 첫 번째 덕목이다. '원한을 감당하는 삶', '고난을 달게 받는 삶', '전생의 빚을 갚는 삶'쯤으로 해석할 수 있다. 달마는 "모름지기 수행자가 고통을 당할 때는 과거에 자신이 저지른 행위의 과보라 여기고 남을 원망하지 말아야 한다."고 말했다. 근본적으로 나는 나의 죄인이며, 그런 '나'들과 부대끼는 삶은 어디나 사고다발지역이다.

무아無我를 깨닫기 전에는 자신도 살기 위해 바득바득 조르고 우겼을 테니, 다른 생명들에게 상처를 준 대가를 달갑게 견디겠다는 태도다. 업의 양산量産과 연장延長으로서의 삶을, 달마도 무척이나 버겁고 허망하게 여겼음을 비춰주는 대목이기도 하다. 훗날 그는 교단 내 기득권자들의 시기로 독살을 당했는데, 항변도 고발도 없이 잠자코 죽어줬다.

혜가도 스승만큼이나 말로가 사나웠다. 당시의 제도권 불교는 숭불崇佛을 부정하는 조사선을 마설魔說로 규정했다. 그럼에도 혜가가 설법을 할 때면 백성이 구름처럼 몰려들었고, 그를 받들었다. 한편으로 이는 적敵들에게 역모의 시도로 몰아붙일 수 있는 호재였다. 자신의 강의에 열광하던 팬들이 혜가 쪽으로 속속 떠나가자, 변화辯和라는 법사가 무고했다. 관청에 끌려간 혜가는 "옛 빚을 갚는 것"이라며 순순히 목을 내놓았다.

달마의 마지막과 상당히 유사하다. 두 사람은 기구한 죽음까지 서로 닮아 있다. 게다가 "전생에 지은 업의 결과는 받아들일 밖에 달리 피할 도리가 없다"는 게 공통된 입장이었다. 여기서 전생은 과거의 생만이 아니라 '내가 어찌할 수 없는 것'을 가리킨다는 게 사적인 소견이다. 전생에 나라를 구했다 하더라도, 현생에 살아 있다면 현생의 아픔을 면제받지 못한다. 어제 불던 바람은 내일도 분다. 지난해 폭우가 내리지 않았어도, 올해는 기어이 수해를 입는다. 죄를 지어서도 아니고 못나서도 아니다. 아름다움보다 올바름보다, 언제나 살아있음이 먼저다.

오늘의 안전은
내일의 안전을 보장하지 못한다

『무문관無門關』은 선가禪家의 주요한 고전이다. 제2칙則 '백장야호百丈野狐' 편에는 여우로 전락한 늙은이가 등장한다. "깨달은 자는 인과因果에 떨어지지 않는다."고 성급하게 말했다가 받게 된 업보다. 500번의 인생을 여우의 몸으로 살아야 했던 늙은이는, 백장 선사에게 저주를 벗어날 방도를 물었다. 백장은 "인과에 떨어지지 않는다[不落]." 대신 "인과에 어둡지 않다[不昧]."는 답변으로, 자기는 재앙을 피하고 여우의 무명無明에 불을 밝혔다.

'불매不昧'란 '어둡지 않다' 혹은 '어리석지 않다'는 뜻으로,

이런저런 명리名利로 자신을 포장한 사람이란,
알고 보면 자신이 만든 업의 쓰레기더미에서 허우적대는
사람이다. 업장에 매몰될수록 거짓된 인생과 가까워진다.
반대로 죽은 듯이 살아가면 죄를 줄일 순 있겠으나,
죄의 표적이 되기 십상이다. 그래도 적게 먹고
적게 가지며 업을 최소화하는 것이, 참된 생명의 길이다.

．．．．．．．

．．．．．．．

．．．．．．．

그만큼 백장이 인과의 원리를 잘 알고 있음을 일러준다. 살다 보면
험한 짓도 하게 되고, 험한 꼴도 당하게 마련이라는 상식의 확인이
다. 오늘의 안전은 내일의 안전을 보장하지 못한다. 지금 무사하다
면 들키지 않은 덕분이다.

여우는 머리 굴리기를 좋아하는 동물이다. 잔꾀가 많고 의
심도 많다. 백장야호에서 유래한 야호선野狐禪은 진실하지 않은 수
행자들의 표리부동을 빗댄 말이다. 인과응보를 부정하고 뻔뻔하게
신神을 참칭한 점이 여우인간의 죄목이다. 불매不昧가 지혜라면, 불
락不落은 자기기만이다.

저자거리 각계각층의 '불여우'들이 갖은 모략과 술수를 벌
이는 연원은, 불처럼 뜨겁고 빛나는 삶을 누리기 위해서다. 불같은
열정이 주변에 화상을 입히고, 찬란한 자기애가 타인의 살림에 그
늘을 덮는다. 그들의 덕德은 표면만 덕이고, 유리할 경우에만 덕이

다. 죽음과 멈춤을 기억하지 않는 질주는 항시 잡음과 먼지를 일으
킨다. 죽지 못해 살아가는 자들은 비루하지만 측은하다. 반면 죽어
라고 살아가는 자들은 화려하지만 유치하다.

··
업을 줄이면 업보도 적다

인간은 선하지도 악하지도 않다. 단지 흔들릴 뿐이다. 오른
쪽으로 흔들리면 착해지고, 왼쪽으로 흔들리면 치사해진다. 오른
쪽이 왼쪽을 속일 때도 있다. 흔들림이 지나칠 때 살인을 저지르고,
흔들림이 적을 때는 잠깐이다.

생의지가 출렁이고 마음의 칼날과 찌꺼기가 무더기로 떠다
니는 바다에선, 아무도 두 발로 똑바로 설 수 없다. 업장은 '살아있
음'의 한계이고, '살아가야 함'의 숙명이다. 업이 곧 삶이며, 삶은
업으로 유지된다.

이런저런 명리名利로 자신을 포장한 사람이란, 알고 보면 자
신이 만든 업의 쓰레기더미에서 허우적대는 사람이다. 업장에 매
몰될수록 거짓된 인생과 가까워진다. 반대로 죽은 듯이 살아가면
죄를 줄일 순 있겠으나, 죄의 표적이 되기 십상이다. 그래도 적게
먹고 적게 가지며 업을 최소화하는 것이, 참된 생명의 길이다.

업을 줄이면 업보도 적다. 그러나 살아있는 한 완전히 소멸
시킬 수도 없는 것이, 업보의 또 다른 속성이다. 진정한 무애無碍는

자초한 업이든 떠안은 업이든, 감내하겠다는 결기에서 비롯된다. 무애행, '걸림 없는 삶'이란 아무거나 먹고 아무데서나 자는 게 아니다. 달마의 퀭한 눈과 굳게 다문 입술은 그래서 험악하기에 앞서 견고하다. 진짜 빛은 빛나지 않는다(眞光不輝, 진광불휘). 인생을 함부로 살지 않는 자의 표정은 늘 검고 서늘하다. 존재의 실상은 투명구슬처럼 맑고, 또한 무겁다.

부처님은 '귀차니스트'다.
죽으면 썩어문드러질 몸뚱이,
널리 이름과 이익을 구해서
뒷날 무엇에 쓰려는가.

「혈맥론血脈論」

인생에 도움이 되는 명언은 그럴 듯한 형식을 띠지 않아도 좋다. "배고프
면 밥 먹고 졸리면 잠을 자라"는 말은 정직하고 "사는 게 다 거기서 거기이
니, 너무 서두르지도 자책하지도 말라"는 말은 따스하다. 이러니저러니 해
도, 죄다 잘 먹고 잘 살자고 하는 일이 정치이고 경제이며 노동이고 종교다.
스스로 여유롭고 남에게 상처를 주지 않는 삶이, 비할 바 없는 도인의 삶이
다. 널리 이름과 이익을 구하는 까닭은, 벌거벗은 자기 자신에게 만족하지
못하기 때문이다. 더럽고 치사해서 못 살겠다는 삶은, 그 자신이 이미 더럽
고 치사한 삶이다.

3

자기에게
뿌듯하고

남에게
짐이 되지 않는
길

웃음이
떠나지 않는 인생?
굳이 웃어야 할
필요가 없는 인생

웃음의
괴로움

뜬금없고 어이없는 웃음의 말로

봉건제封建制란 왕이 혈연이나 공신功臣을 제후로 책봉한 뒤, 각 지방에 영지를 주어 다스리게 하는 방식이다. 중국의 고대 국가였던 주나라는 봉건제의 시초로 유명하다. 서안을 수도로 했던 서주西周와, 이후 낙양을 수도로 했던 동주東周의 시대로 나뉜다. 포사褒姒는 서주의 미녀이자 서주를 말아먹은 미녀다.

경국지색은 유난히도 웃지를 않았다. 유왕幽王은 애첩을 즐겁게 해주려 매일같이 재담꾼과 마술사를 불렀으나 번번이 맹탕이었다. 그러던 어느 날 봉화를 잘못 올린 게 실마리가 됐다. 동서남

115

북 제후들이 군사를 이끌고 대거 왕궁으로 몰려들었다가 헛걸음을 하고 돌아가는 일이 발생했다. 불행의 시작은 유쾌했다.

성벽 아래서 수만의 대군이 우왕좌왕하는 모습을 지켜보던 포사가 갑자기 자지러졌다. 유왕은 거의 미칠 뻔했다. 그녀의 '양치기소년'이 되어 열흘이 멀다 하고 '불장난'을 쳤다. 도성에 큰일이 났다며 경향각지에서 군대를 부를 때마다 포사는 깔깔거렸다. 거듭되는 똥개훈련에 제후들은 지쳤다.

그리고 포사에 밀려 폐비를 당한 딸의 복수를 위해 신후申候가 거병을 했을 때, 더는 똥개가 되고 싶지 않았다. '미친' 사랑의 파괴력은 지독했다. 혈혈단신이 된 유왕은 신후와 연합한 융족戎族의 칼에 죽었고, 포사는 오랑캐 수장 앞에서 맨몸을 드러내야 했다. 역사상 가장 뜬금없는 웃음이자 어이없는 웃음의 말로다.

웃는 얼굴은 아름답지만
미덥지는 못하다

웃음이 인상을 바꾸고 인생을 바꾼다는 게 세간의 상식이다. '연예인 천하지대본天下之大本'이고, 훌륭한 인물이 되려면 일단 얼굴부터 훌륭해져야 하는 시대다. 사고든 전쟁이든 하다못해 취업이든 사람의 운명은 사람이 좌우하니, 사람 앞에선 언제나 웃어야 화를 면하거나 줄일 수 있다. 게다가 성형수술의 발달로 인해 관상

생각이 많으면 웃음이 적다. 웃음이 인색한 사람은
자기 자신에 대한 몰입도가 높은 사람이다.
하여 무심은 허심虛心이라기보다는 뚝심이다.
어떤 상황에 처하더라도 동요하지 않는 것이다.
스스로 판단하고 선택하되 그 결과에 대해 순순히
책임지겠다는 용기이고, 인생이 어떤 식으로 전개되든
개의치 않겠다는 초연이다.

은 더 이상 숙명이 아니다.

그러나 관상觀相은 심상心相보다 못 하다는 게 또한 역술업
자들의 공통된 의견이다. 외모보다 심성이 먼저라는 이야기고, 웃
음에 감춰진 속마음을 조심하라는 이야기다. 악성 댓글을 다는 자
의 얼굴엔 언제나 웃음이 넘친다. 웃는 얼굴은 아름답지만 미덥지
는 못하다.

정치의 기본은 표정관리다. 울고 싶을 때에도 웃어야 하며,
웃고 싶을 때에도 울 줄 알아야 한다. 사내社內 정치에서도 동일한
원칙이 적용된다. 누군가를 만났을 때 웃는다면, 나와 친한 사람이
거나 내게 우호적인 사람이거나 나보다 높은 사람일 경우다. '나는
당신 편'이라는 신호로서의 웃음은, '당신도 내편이어야 한다'는
이중의 메시지를 담고 있다.

| 3장 | 자기에게 뿌듯하고 남에게 짐이 되지 않는 길 |

조직관계 속에선 웃음도 업무다. 웃음은 순종과 성실의 징표이므로, 살림을 건사하고 왕따를 당하지 않으려면 웃어야 한다. 잘 보이려 웃고 쫓겨나지 않으려 웃는다. 이렇듯 현실 속의 웃음은 행복이 아니라 행복을 향한 안간힘이기 십상이다. 그래서 얼굴에서 웃음이 떠나지 않는 인생보다, 굳이 웃어야 할 필요가 없는 인생이 훨씬 매력적이다.

포대화상과 보리달마의 차이점

간혹 포대화상과 보리달마를 혼동하는 네티즌들이 있다. 육중한 몸집과 대머리라는 비슷한 외관 때문이다. 중국의 후량後梁 시대를 살았던 포대화상(?~916)은, 말 그대로 포대布袋를 짊어지고 다니던 스님이었다. 본명은 계차契此. 부잣집과 여염집에서 얻은 시주물을 닥치는 대로 자루에 넣어두었다가, 지나는 걸인과 아이들에게 보이는 대로 나눠줬다.

서양의 산타클로스에 필적하는 선인善人이다. 특히 두툼한 얼굴엔 항시 웃음이 가득하여, 동아시아 불교사에서 자비와 길복의 상징으로 자리했다. 서울 우이동 도선사에는 돌로 만든 포대화상이 있는데, 신도들이 하도 만져서 배 부분이 시커멓다.

물론 자세히 보면 계차와 달마의 모습은 미세하게 다르다. 계차의 얼굴은 하얗고 기름이 번들거리는데, 달마의 얼굴은 사뭇

붉고 까칠한 편이다. 계차는 지팡이에 보자기를, 달마는 짚신을 걸었다. 계차의 뱃살이 달마의 뱃살보다 더 심각하다.

무엇보다 웃느냐 웃지 않느냐만 확인하면 전혀 헷갈릴 일이 없다. 소문만복래笑門萬福來이고, 계차의 파안대소는 거리에 굴러다니는 복을 게걸스럽게 흡입하는 모양새다. 반면 달마의 우거지상엔 감히 범접하기 어려운 권태와 짜증이 덤불을 이뤘다. 계차의 얼굴은 주로 행복을 비는데 쓰이고, 달마의 얼굴은 귀신을 쫓는데 쓰이는 까닭이다.

여지웃음은 괴롭고,
여지웃음을 비웃는 웃음은 역겹다

화상和尚은 수행에 일가견을 이룬 노승을 위한 존칭이다. 오랜 수행은 고되고 외롭다. 아무나 갈 수 없는 길이기에 고되고, 아무도 몰라주는 일이기에 외롭다. 내막을 알고 보면, 계차의 웃음도 사실은 슬프다. 환희나 덕망보다는 실소나 자조自嘲에 근접해 있다.

"밥그릇 하나로 천가千家의 밥을 빌면서 홀로 걷는 몸은 만리萬里를 떠도네. 푸른 눈을 알아보는 이는 드무니, 다만 흰 구름에게 갈 길을 묻는다"란 게송에서 실존의 피로와 소외의 회한을 짐작할 수 있다. 세인들은 포대화상의 웃음에서 돈복과 인복을 읽지만, 정작 설레고 살가운 말들과는 거리가 먼 웃음인 셈이다.

매춘여성들이나 웃음을 판다고 말하면 실례다. 현대 산업의 주류는 서비스업이고, 주구장창 웃음을 서비스해야 하는 것이 대 대수의 직업이다. 고객은 상품 이전에 웃음을 원한다. 윗사람은 웃지 않아도 되지만 아랫사람은 반드시 웃어야 한다. 전자는 먹으면서 웃지만 후자는 먹고살기 위해 웃는다.

울고 싶어도 웃어야 하는 감정노동은 자기모독이고 자기착취다. 곧 웃음을 권장하는 사회는 위선을 부추기는 사회이고 굴복을 강요하는 사회다. 반대로 포사의 경우처럼 누구 앞에서나 마음대로 웃을 수 있다는 것도 힘 있는 자들만의 특권이겠다. 억지웃음은 괴롭고, 억지웃음을 비웃는 웃음은 역겹다.

포사는 왜 그때 자지러졌을까

포사의 이름은 본명이 아니라 별명이다. 그냥 '포나라에서 온 여자'쯤 되겠다. 유왕이 남벌南伐에 나섰을 때, 겁에 질린 포인褒 人들은 그녀를 바치고 멸족을 면했다. '포사'란 역사적 기록을 위한 편의상의 명칭으로 보인다.

하기야 어차피 왕조의 흥망과 집권을 둘러싼 모략이라는 남성 중심의 드라마에서, 여자에겐 미색만이 관건일 뿐 개성이나 인권은 중요치 않다. 적장의 노리개로 전락했다고는 하나, 이미 첫사랑이 적장이었다. 순결이나 현모양처를 바라기가 애당초 글러먹은 개인사는, 추잡하기 이전에 측은하다.

　때와 장소를 가리지 못하는 포사의 감정표현은 볼썽사납다. 하지만 그녀의 권세가 아니라 그녀의 상처에 주목하면, 양상을 달리 보게 된다. 포사의 웃음은 즉흥적이고 동물적이다. 그러므로 그녀의 개념 없는 웃음은, 웃음을 바치거나 받들지 않아도 되는 세상을 향한 꿈이다.

　충성과 덕치라는 허울 안에서, 낄낄거리면서 갈라먹고 살살거리면서 붙어먹는 수컷들에 게워내는 구토로도 들린다. 그럼에도 불구하고 이전투구에서 발을 빼지 못하는 자신의 신세를 겨눈 살풀이 같기도 하고. 너희들은 미쳤고, 너희들을 떠나지 못해서 미칠 것 같다고.

그리 웃을 일도 없지만,
웃어줘야 할 일도 없었으면

　생각이 많으면 웃음이 적다. 웃음이 인색한 사람은 자기 자신에 대한 몰입도가 높은 사람이다. 하여 무심은 허심虛心이라기보다는 뚝심이다. 어떤 상황에 처하더라도 동요하지 않는 것이다. 스스로 판단하고 선택하되 그 결과에 대해 순순히 책임지겠다는 용기이고, 인생이 어떤 식으로 전개되든 개의치 않겠다는 초연이다.

　정신적 '사리'는 대개 비극적 현실인식의 밑바닥에서 추출

된다. 이를테면 정의는 선善이 아니라 힘에서 나온다거나, 가장 뻔뻔한 자가 가장 많이 차지한다거나, 삶은 죽음의 일부일 따름이라거나…. 욕심과 권력과 미래에 하염없이 속다가 문득 돌아보게 된 맨손이다. 쓰레기들 사이에서 바보가 될 각오로 맞는 아침이다.

계차의 웃음엔 웃음의 내용이 없다. 웃음에 연연하지 않는 웃음이며, 웃음을 요구하지 않는 웃음이다. 침묵에 자신을 내던진 달마 역시 침묵으로 무언가를 도모하지 않는다. 남들에게 보여주기 위한 웃음이 아니란 점에서 아울러 남들을 의식하지 않는 침묵이란 점에서, 계차와 달마는 무심無心을 각기 다른 방식으로 표현하고 있다.

헛것에 대한 기대를 놓아버린 자이든 처음부터 기대하지 않았던 자이든, 지나온 길은 다를지언정 갈 길은 같다. 비틀거리거나 넘어질지는 몰라도, 손을 내밀거나 되돌아가지는 않을 것이다. 그래서 무심을 기반으로 한 안심安心은 성취가 아니라 자족이다. 고독은 어둡지만 아늑하다. 그리 웃을 일도 없으나, 웃어줘야 할 일도 없다.

한 사람을 위한
마음은
보잘 것 없지만
인생을 건다

진실로
아름다운 교감

책임과 목표로부터
자유로운 존재

프란츠 카프카Franz Kafka는 '책임지지 않는' 글쓰기로 유명하다. 의미와 문맥을 조금씩 흩트려 다양한 해석의 여지를 남겼다. '오드라덱Odradek'도 오리무중이다. 원고지 10장 분량 남짓의 〈가장의 근심〉은, 대부분 오드라덱에 대한 묘사로 채워졌다.

별 모양의 실타래처럼 생겼는데, 신기하게도 말을 할 줄 아는 물건이다. 어린아이와 길고양이의 성질을 반반씩 섞었다. 아무 데서나 자는 모습은 영락없이 거지꼴이다. 죽지 않는다는 점에서는 신神과 대등하다. 다들 쓸모없는 잡동사니라며 무시하지만, 작중화자는 오드라덱만 생각하면 눈물겹다. 바쁘게 살 때는 잊었다가, 홀로 남겨지면 반드시 나타난다.

문득 마주칠 때마다 정체를 묻는데, 녀석의 대답은 기어이 모호하다. 분명한 건 오드라덱을 향한 호기심과 부러움이 커질수록, 가장의 근심은 깊어진다는 것이다. 단서가 있다면 "사멸하는 모든 것은 목표와 행위를 가지며 그로 인해 결국엔 으스러지고 만다. 그러나 이 말은 오드라덱에겐 해당되지 않는다."는 본문 끄트머리의 한 구절.

곧 오드라덱이란 목표를 세우지 않아도 되고, 따라서 목표에 따른 행위로부터 자유로운 존재라고 추론할 수 있다. 작고 귀여운 오드라덱은, 작고 귀엽게 살아도 되는 소망을 암시한다. 슬라브어로 쓴 천진난만 혹은 무위도식?

'먹고살자고 하는 짓'으로서의 만남은
필연적으로 '조건만남'

가장은 생계라는 '목표'를 응시하며 부양이란 '행위'에 몰입하는 사람이다. 지갑이 빠듯할수록 자녀의 몸집이 커질수록, 생계와 부양 사이에 난 골목길은 더욱 비좁아진다. 자아실현이라든지 동심이라든지 돈이 안 되는 것들은 뛰어놀 자리가 없다. 아울러

'한 집안을 이끄는 어른'이라는 관습적 어의를 따르기엔, 어른이 드물고 어른이란 말이 초라한 세태다. 그리고 돈을 버는 기계로 전락한 어른은, 모든 관계를 물화物化함으로써 화풀이를 한다.

생계와 관련된 자들이나 부양에 도움이 되는 자들만 만나게 되는 것이다. 가장으로서의 의무에 충실한 가장들은, 지갑과 식사를 하고 명함과 취미를 즐긴다. 끼리끼리 놀면서도 서로 간에 손해를 용납하지 않는다. '먹고살자고 하는 짓'으로서의 만남은 필연적으로 '조건만남'이다.

정치의 양상은 복잡하고 미묘하다지만, 개념은 본래 간명하다. 경제가 이익을 창출하는 일이라면, 정치는 이익을 분배하는 일이다. 이익이 특정계층에게 몰리도록 생떼를 부리는 것이 독재이고, 이익을 골고루 나눠줘 어느 쪽에서도 말이 안 나오도록 하는 것이 덕치다. 전체주의가 비난받아야 할 까닭은, 이익의 분배는 등한시한 채 국민들의 마음을 억지로 교감시키려는 모략이기 때문이다.

'마음을 나눈다'는 말은 '마음을 닦는다'는 말만큼이나 뜬구름 잡는 이야기다. 이익을 나누기는 반가운데 마음을 나누기는 부담스럽다면, 그만큼 철이 들었다는 증거다. 예컨대 자원봉사의 백미는 금일봉이다. 이익은 가장 확실한 행복이며, 상대방의 진심을 한눈에 파악할 수 있는 지표다. 바꿔 말하면 이익을 나누는 것 말고는, 검증가능하고 지속가능한 교감이란 극히 드문 경험이다. 누군가를 사랑한다는 건, 본질적으로 누군가를 사랑하고 있는 나에 대한 사랑이다. 마음의 근본엔 시비와 차별이 없으나, 몸에 묶인 마음은 각자의 몸만 생각하게 마련이다. 잃어버린 자아는 잃어버린 재산에 비하면 아주 사소한 추억이다.

교감? 너는 너대로 나는 나대로

「혈맥론血脈論」에서 보리달마의 설법은 털털하면서도 직선적이다. 혹자가 마음의 본질에 대해 묻자 "지금 마음에 대해 묻는 너의 마음이 곧 마음의 본질이고, 이렇게 대답하고 있는 나의 마음이 또한 마음의 본질이다."라고 단박에 정리했다. 어떤 식으로든 살아있음이 곧 참됨이니, 기대거나 비교하지 말라는 주장이다. 너는 너대로 나는 나대로, 각자 주체적으로 살아가면 그만이란다.

도인의 삶이란 남의 집을 기웃거리는 게 아니라, 주어진 길을 그저 걷는 것이란 당부다. 특히 남의 마음에 일절 관심을 두지 않는 달마의 '독고다이'스러운 캐릭터를 짐작할 수 있는 법문이기도 하다. 그는 '독자성'을 숨기고 깎아내려야만 지속할 수 있는 '사회성'을 극도로 혐오했다.

무심론無心論에 입각하면, 교감이란 '홀림'에 불과하다. 달마는 "바깥 경계에 혹해 마음이 헐떡이는" 상태를 매우 염려했다. '마음'이란 게 있다고 느끼는 순간, 마음은 창궐한다. '불편한 마음'과 '불편하고 싶지 않은 마음', '불편하게 하는 마음'과 '불편하게

126

하는 마음을 죽이고 싶은 마음'이 속절없이 따라붙는다. 걸그물에 오징어 매달리는 식이다. 비리다.

'남'이라는 존재가 '나'를 있게 하고, 그것은 한사코 나를 나의 죄인으로 만든다. "만약 밖으로 구하는 데에만 집착하면 거짓으로 위의威儀를 나타내게 된다."(「파상론破相論」)며 위선을 금하기도 했다. 달마가 바라본 교감이란, 끊임없이 남과 견주면서 나를 괴롭히고 나를 떠벌이면서 나를 소진하는 일이다.

달마가 위인이 될 수 없는
결정적 약점

그러나 '인간은 사회적 동물'이라는 오래된 원칙. 사람과 몸을 부비며 말을 섞어야 하는 게, 사람에게 주어진 사명이다. 이런 맥락에서 교감에 대한 달마의 염증은 자못 지나치다. 더구나 사람에게 잘 보이면 복이 생기고, 더 잘 보이면 스타가 되는 게 세상살이의 실상이다. 달마가 도인이긴 해도 위인이 될 순 없는 결정적 약점이다.

한편으로 사람이 전적으로 싫어졌다면, 본능을 잠재울 만한 감정이 마음속에 도사리고 있다는 것이다. 더불어 그것은 사람에게서 받은 상처이기 일쑤다. 무심이 고독의 산물이라면, 벽관은 불화(不和)의 결과다. 달마는 깨달았지만, 아무도 인정해주지 않았다.

혜가가 안심安心에 미쳐 있었다면, 달마는 무심無心에 갇혀 있었다. 안심과 무심은 심오한 담론이고, 술자리에서 해결하거나 함부로 매듭지을 수 있는 담론이 아니다. 그들은 이해할 수 없고 이해받을 수 없는 화두에, 각기 다른 자리에서 몸을 떨었다. 그러나 스스로 자르는 팔과 눈앞에서 잘리는 팔은 같은 것이었다. 혜가가 극렬하게 달마를 갈구했던 것처럼, 달마 역시 죽을힘을 다해 혜가를 기다렸을 것이다. 혜가가 팔을 자른 마음은, 달마가 하염없이 벽을 바라봐야 했던 마음과 동일하다. 진짜 사람을 만나기가, 이다지도 어렵다.

. . . .

. . . .

. . . .

그의 험상궂은 얼굴은 사실 찡그린 얼굴이다. 말해줄 것이 있었지만, 아무도 들으러 오지 않았다. 직접 제자를 찾기엔 게을렀고, 먼저 나서기는 창피했으리라. 그는 강해보였지만, 약했다. 사람이 그리웠지만, 무서웠다.

　　혜가가 없었다면, 달마는 달마로서 오늘날까지 전해질 수 없었다. 혜가가 자신의 팔을 자른 '혜가단비慧可斷臂'는 최초의 전등傳燈이라는 빛나는 기록을 남겼다. 아버지가 죽든 황제를 친견하든 웬만한 일엔 미동도 않던 달마의 마음이다. 그러던 어느 날 선혈이 낭자한 팔뚝에 식겁해서, 제 입으로 그만 묵언默言을 파해버렸다.

그리고 황급하게 뱉은 말은 역사에 한 획을 그었다. 존재의 번민에 몸서리치던 자의 해괴한 자기희생은, 고집불통 늙은이에게 영웅의 위업을 안겨주었다.

혜가가 안심安心에 미쳐 있었다면, 달마는 무심無心에 갇혀 있었다. 안심과 무심은 심오한 담론이고, 술자리에서 해결하거나 함부로 매듭지을 수 있는 담론이 아니다. 그들은 이해할 수 없고 이해받을 수 없는 화두에, 각기 다른 자리에서 몸을 떨었다. 그러나 스스로 자르는 팔과 눈앞에서 잘리는 팔은 같은 것이었다. 혜가가 극렬하게 달마를 갈구했던 것처럼, 달마 역시 죽을힘을 다해 혜가를 기다렸을 것이다. 혜가가 팔을 자른 마음은, 달마가 하염없이 벽을 바라봐야 했던 마음과 동일하다. 진짜 사람을 만나기가, 이다지도 어렵다.

여기서 당장 죽어도 좋다는
절박의 통정通情

달마와 혜가의 만남은 운명적이다. 혜가는 머리에 다섯 개의 뿔이 자랄 만큼 엄청난 두통에 시달렸다. 그때를 딱 맞춰서 달마가 중국으로 건너왔다. 많은 사람들이 달마의 범상치 않은 캐릭터를 알았으나, 오직 혜가만이 그를 향해 걸었다. 소림사는 멀었고, 거짓말같이 눈이 내렸다. 한걸음 나아가 눈보라가 쳤고 눈보라 속에서 추웠다. 게다가 정서적 거리는 물리적 거리를 한참 앞질렀다. 혜가는 우울증 환자였고 달마는 은둔형 외톨이였다.

눈이 허리까지 쌓였는데도, 달마는 내다보지도 않았다. 울고불고 난리를 치는 데도, 일언반구 말이 없었다. 죽어도 좋았지만, 죽기 전에 한 마디는 들어야 했다. 최후의 선택은 '나'를 내려놓는 일이었다. 팔은 근본적인 사유私有를, 단비는 사유의 포기를 상징한다. 혜가가 무시무시한 통증에 피를 흘렸다면, 달마는 거대한 안쓰러움에 피눈물을 흘렸을 장면이 선연하다. 달마와 혜가는 자아를 깨버림으로써 마침내 자아를 깨울 수 있는, 불가항력의 절정을 맞닥뜨렸다. 우연이 모이면 운명이라지만, 노력이 모여야 운명이다.

자른 팔의 고통과 잘린 팔을 보는 고통에 힘입어, 혜가는 마음의 평화를 얻었고 달마는 사람에게 다시 마음을 열었다. 달마는 혜가의 안심을 일깨웠고, 혜가는 달마의 무심을 알아줬다. 감히 지갑이나 명함 따위가 끼어들 수 없는 순수의 유대紐帶이고, 끼리끼리 놀자는 게 아니라 여기서 당장 죽어도 좋다는 절박의 통정通情이다. 처절하게 조각난 마음만이, 비로소 마음을 나눌 수 있다. 나눠야 할 마음이 아예 없는 사이만이, 갈라야 할 몫을 따지지 않을 수 있는 것이다. 공감은 마음이 가난한 자들의 능력이다.

일상이 나른하고 지루하다면, 역설적으로 그만큼 멀쩡하고 평온하다는 뜻이다. 초극超克이 아닌 재귀再歸로서의 일상은, 응당 이기적이고 피상적이다. 반면 혜가단비는 극단적인 충동의 산물이고 예고되지 않은 참극이다. 동시에 궁窮하면 통通한다. 충격과 파국만이 삶을 변화시킨다. 돈과 밥과 말 속의 교감엔 돈과 밥과 말과 오가는 법이다. 그리고 절대다수는 계산기나 두드리고 밥알이나 튀기면서 산다.

연민만이, 교감이다

정작 달마는 혜가에게 특별히 해준 것이 없다. 후대의 식자들은 "마음은 본래 실체가 없다는 지적이 주효했다"고 평한다. 하지만 달마는 따뜻한 말 한 마디에, 평생토록 짊어져야 하는 화두가 해결될 수 없음을 잘 알고 있었다.

"마음은 실체가 없으므로 있는 것이 아니다. 그렇지만 생각이 멈추지 않으므로 없는 것도 아니다. 물론 생각은 헛것이므로 결단코 있는 것이 아니다. 그렇다고 해도 헛것은 끊임없이 나타나므로 끝내 없는 것도 아니다."(「안심법문」) 거듭 포개어지는 정正과 반反의 변증법엔 출구도 해법도 보이지 않는다. 마음은 어디에도 없지만 언제나 있으므로. 살아있는 한, 마음을 벗어날 수 없으므로. 우리는 죽도록 아프거나 죽을 때까지 아파야 한다. 다만, 눈물을 닦아주마.

연민만이, 아름다운 교감이다. 성욕과 무관하고 이런저런 연줄을 초월하며, 대가를 바라지 않고 손해를 감수하므로. 훗날 달마는 소림사에서 함께 정진하던 혜가를 2조祖로 낙점했고, 죽을 때까지 같이 살았다. 욕정이 쌓이면 죄악이 되고, 죄책감이 쌓이면 책임감이 된다. 무심했던 자기 때문에 불구가 된 것 같으니까, 너무 미안하니까 그랬을 것이다.

모든 중생을 위한 기도는 거룩하지만 막연하다. 한 사람을 위한 마음은 보잘 것 없지만 인생을 건다. 달마는 위인이 아니라 어른으로 족했다. 단지 가르치는 것을 넘어, 혜가를 거둬먹임으로써 교감을 완성했다. 달마에게 혜가는 지울 수 없는 오드라덱이자, 살아있는 오드라덱이었다. 자기를 알아준 처음의 인간이어서 고맙고, 같은 꿈을 꿔준 유일한 인간이어서 든든했을 것이다. 이루 말할 수 없는 첫사랑. 낯 뜨겁지 않은 동성애의 재발견.

삶은 죽음과
같아야 하고
죽음은 삶과
같아야 한다

최적의
삶

| 3장 | 자기에게 뿌듯하고 남에게 짐이 되지 않는 길 |

....
최고의 삶은
....
남들이 좋아하는 삶이고,
....
최적의 삶은
....
자기가 좋아하는 삶이다

행복의 기준은 각자의 처지에 따라 다르다. 이러한 교훈을 전하는 상업광고가 이즈막 흥미롭다. 눈코 뜰 새 없이 바쁜 스타급 연예인은 일이 없을 때 행복하다. 반대로 쥐구멍에 볕드는 중저가 연예인은 일이 많아야 행복하다. 내성적인 사람은 혼자 노는 게 즐겁고, 외향적인 사람은 둘이 노는 게 즐겁다. 식구를 부양해야 하는 아비는 집이 커지면 흐뭇하고, 제 몸

존재하는 그대로가 진실이고 완성이란 것.
달마에서 시작된 조사선의 일관된 논지다.
지금 살아있다는 사실을 능가하는 가치는 없으며,
눈으로 보고 귀로 듣는 것 이상의 기적은 없다는 설법으로
요약된다. 이렇게 '완전체完全體'인 자신에 대해 확신하지
못하면, '살아서의 모든 것'을 정혼이라 깎아내리고 만다.
치욕을 못 견디고 못남을 불안해 한다.
제풀에 중생이 되어 부처와 멀어지는 것이다. 반면 달마가
바라본 최적의 삶이란 매우 간명하다. 삶과 하나가 되어
걷거나 견딜 뿐, 삶을 따로 떼어내어 손가락질하거나
닦달하지 않는 삶이다.

.   .   .   .

.   .   .   .

.   .   .   .

만 챙기면 되는 아들은 키만 커도 흐뭇하다.

　　여자는 '신상'을 보며 웃고 남자는 '신상'을 사줄 수 있는 통
장을 확인하며 웃는… 부녀父女의 다른 행복도 이와 비슷한 맥락
이다. 이렇듯 행복엔 고정된 실체가 없으며 입장과 상황이 행복감
을 좌우한다는 사실의 설파는, 철학적이면서도 애잔하다. 그럼에
도 CF 속 인물들에게 공통점이 있다면, 다들 사지가 멀쩡하고 혈색
이 좋다는 것이다. 행복의 보편적인 조건은 건강 그리고 자족이다.

　　최고의 삶은 남들이 좋아하는 삶이고, 최적의 삶은 자기가

좋아하는 삶이다. 몸에 질병이 없고 마음에 질투가 없는 삶이다. 자신의 취향과 습관에 부합하는 삶이며, 일껏 건사한 살림을 소중하고 뿌듯하게 받아들이는 삶이다. 타인으로부터 방해받지 않는 삶이고, 스스로 옥죄지 않는 삶이다.

　모두가 최고의 삶을 거머쥘 순 없으나, 최적의 삶은 누구나 누릴 수 있다. 마음먹기 나름이고, 마음 다스리기 나름이다. 최고의 삶 앞에 바짝 엎드리거나 뒤에서 수군대는 인간은 결코 맛볼 수 없는 기쁨이다. 성공보다 내공을 중히 여겨야, 문턱이라도 밟을 수 있는 경지다.

일상 속의 자질구레한 '나'들이,
바로 '참나'

　한편으론 제행무상諸行無常이어서, 시간은 흐르고 처지는 바뀐다. 배가 고프면 밥이 고프고, 밥을 먹으면서 세월을 먹는다. 가끔은 둘이 놀아야 혼자 노는 게 더 즐겁다. 아이의 키가 다 자라게 되면, 아비의 행복을 느껴봐야 할 날이 '기어이' 온다.

　하고 싶은 일만 할 순 없다는 게 동서고금의 숙명이다. 아무리 자기가 좋아한다 해도 남들이 좋아해주지 않는 삶은, 필경 가난하고 외롭고 억울하다. 어려서는 최고의 삶을 꿈꾸지만, 나이 들어서는 최악의 삶만 피하면 다행이다. 건강이 가장 중요하다지만, 무능한데 건강하기만 한 몸뚱이는 가족에게 짐이 된다. 자족은 잘 빚은 질그릇과 같아서, 깨지기 쉽다.

'마삼근麻三斤'이란 화두가 있다. '삼베가 세 근'이란 뜻이다. 누군가 "부처란 무엇이냐"고 묻자 동산양개洞山良价 선사가 이와 같이 대답했다. 운문문언雲門文偃의 "도는 똥막대기" 또는 조주종심趙州從諗의 "깨달음은 뜰 앞의 잣나무"만큼이나 뚱딴지같은 답변이다. 화두는 언어로 해석해선 안 된다지만, 잘만 해석하면 넉넉한 울림이 남는다.

'삼베가 세 근'은 "당시 당나라의 조租·용庸·조調 세법稅法에서 조調에 해당하는 특산품을 나라에 바치는 것과 관련이 있다"는 어느 불교학자의 견해가 미덥다. 곧 마삼근은 '국민 각자가 져야 할 최소한의 의무'이고, 나아가 '자기만이 감당할 수 있는 인생의 몫'이란 설명이다. 하기야 똥을 눈 뒤에 똥막대기로 똥구멍을 닦아야 하는 것도 나이고, 뜰 앞의 잣나무를 바라보는 것도 나다. 일상 속의 자질구레한 '나'들이, 바로 '참나'인 것이다. 깨어진 질그릇은 깨어진 대로 볼 만하다. 물을 떠먹을 순 없겠지만, 손으로 떠먹으면 된다.

"어떤 것이 부처인가?"
"성품을 본 자가 부처입니다."
"그대는 성품을 보았는가?"
"이미 보았습니다."

"성품은 어디에 있는가?"

"작용하는 곳에 있습니다."

"어떻게 작용하기에 왜 나에게는 보이지 않는가?"

"지금 작용하고 있는데도 스스로 보지 못할 뿐입니다."

"나에게 있는가, 없는가?"

"작용한다면 없을 수 없습니다. 그러나 작용하지 않으면 본체를 보기 어렵습니다."

"만약 작용한다면 어디어디에 나타나는가?"

"여덟 가지 길이 있습니다."

"말해 달라."

바라제는 다음과 같이 게송을 읊었다.

"태속에선 몸이요 / 세상에 나와서는 사람이요 / 눈으로는 본다 하고 / 귀로는 듣는다 하고 / 코로는 냄새를 맡고 / 입으로는 말을 하고 / 손으로는 움켜잡고 / 발로는 몸을 옮긴다. / 두루 나타나서는 무수한 세계를 덮고 / 거두어들이면 한 티끌 속에 든다. / 아는 이는 이것을 불성佛性이라 하지만 / 알지 못하는 이는 정혼精魂이라 하네."

바라제의 게송을 듣고 이견왕은 크게 깨쳤다.

— 이견왕과 바라제의 대화, 『전등록』

파랑새를 손에 쥐고,
산속을 뒤지는 꼴

이견왕異見王은 보리달마의 조카였다. 맏형인 목정다라의 아들로 전하며, 달마를 미워했다. 달마의 제자였던 바라제波羅提가 대신 나서서 오해를 풀었다. 달마가 중국으로 떠나기 직전에 벌어진 일이다. 이견왕의 신상에 대해 『전등록』에는 더 이상의 부연이 없는데, '다른 의견[異見]'이란 이름이 눈에 밟힌다.

당시 인도에 퍼진 갖가지 외도外道에 대한 상징으로 읽힌다. 외도를 믿었던 자는 더구나 임금이다. 결국 바라제가 이견왕을 감화시켰다는 것은, 달마의 문파가 모든 사상논쟁에서 승리하고 인도에서의 전법을 완수했음을 암시한다. 달마는 조국을 위해 일해달라는 생질의 간청을 뿌리치고 동쪽을 향한 뱃길에 올랐다.

달마에게서 수학한 바라제이므로, 바라제의 게송은 달마의 게송이라 해도 무방하다. 삶이란 오직 작용뿐이며, 작용作用이 곧 본체本體라는 게 핵심이다. 작용이란 살아서의 모든 행위다. 이견왕이 바라제를 바라보는 것도 작용이요, 말끝마다 그에게 질문을 던지는 것도 작용이다. 그리고 이러한 일거수일투족이, 어물쩍어물쩍 살아가는 것이, 한 치의 오차도 없는 그의 본성本性임을 힘주어 말하고 있다.

정작 이견왕은 줄기차게 '작용'을 행하고 있으면서도, 작용의 이치에 깜깜하다. 파랑새를 손에 쥐고, 산속을 뒤지는 꼴이다.

좀 더 그럴듯한 '본성'에, 임금의 체통에 걸맞은 '본성'에, 본성을 사로잡혔기 때문이다. 일생일대의 삶에 전전긍긍하다 보면, 순간 순간의 삶을 건성건성 지나치게 마련이다.

한심한 인생과
고귀한 인생이 따로 없다

존재하는 그대로가 진실이고 완성이란 것. 달마에서 시작된 조사선의 일관된 논지다. 지금 살아있다는 사실을 능가하는 가치는 없으며, 눈으로 보고 귀로 듣는 것 이상의 기적은 없다는 설법으로 요약된다. 이렇게 '완전체完全體'인 자신에 대해 확신하지 못하면, '살아서의 모든 것'을 정혼이라 깎아내리고 만다. 치욕을 못 견디고 못남을 불안해 한다.

제풀에 중생이 되어 부처와 멀어지는 것이다. 반면 달마가 바라본 최적의 삶이란 매우 간명하다. 삶과 하나가 되어 걷거나 견딜 뿐, 삶을 따로 떼어내어 손가락질하거나 닦달하지 않는 삶이다.

시간은 유유히 흘러가고, 생명은 부단한 흐름 속에서 어떤 식으로든 살아낸다. 때가 되어 죽음을 맞으면, 또 다른 생명이 나타나 죽음이 남긴 거름을 먹으며 커간다. 한심한 인생과 고귀한 인생이 따로 없다. 누구나 죽음 앞의 촛불이고 윤회 앞의 벌레들이다.

병들어 죽든 넘어져 죽든 어차피 썩어나갈 군상들이니, 생명은 존귀하다고 말할 수 없다. 허나 이번 생이 끝나더라도 몸을 바꿔 다시 태어날 것이니, 허무하다고도 말할 수 없다. 울음과 웃음의 반복은 영원하고 공평하다. 버릴 것도 없고 고칠 것도 없다.

초인에겐 인생이 없고
오직 '생'만이 있다

'잘 살고 싶다'는 생각은 '못 살고 있다'는 생각의 토사물이다. 사람은 아쉬울 때 말을 하고 마음에 안들 때 목소리를 높이는 법이다. 삶의 의미를 따지고 견주는 알음알이는, 인생을 더욱 혼란스럽고 시끄럽게 만든다. 그러므로 참다운 인생을 얻는 근원적인 방법은, 참다운 인생에 연연하지 않는 것이다.

삶에 대한 절대적인 긍정은 역설적으로 절대적인 부정에서 비롯된다. 최적의 삶을 설정하는 한, 최적의 삶은 달성되지 않는다. 살아왔고, 살아간다면 그게 최선의 삶이다. 최적의 삶? 그런 것 없다. 최고의 삶? 웃기고 있다.

사실 무심론은 어느 편에도 이용당하지 않을 논리이기는 하나, 어느 편을 이겨먹을 수 있는 논리도 아니다. 공덕입네 불심입네 말로는 공손하게 읊조려도, 대개 위정자가 원하는 건 영원한 불성이 아니라 영원한 권력이다. 더불어 무심의 도를 깨우친 왕은, 왕임을 고집할 리도 없고 왕으로 남기도 어렵다. 이견왕이 바라제의 게송에 충심으로 감복했을 것 같지는 않다는 말이다. 대저 분별심에 분칠을 하고 편견에 성역聖域을 두는 것이, 정치와 이념의 고질병이므로.

이견왕은 어떤 관념 혹은 가공의 인물이었으리라 의심되고, 달마의 승리는 후대의 조작이었을 확률이 높다. 물론 남들이 무어라 하건 제 갈 길 가면 그만이고, 이기면 이긴 대로 지면 진 대로의 업을 받으면 그만이다. 달마의 무시무시한 무표정에선, '나'라는 욕망도 '남'이라는 실망도 비치지 않는다. 초인超人에겐 인생人生이 없고 오직 생生만이 있다.

자족과 함께 기백을 친구로 삼아

'웰빙Well-Being'의 업그레이드 버전으로 '웰다잉Well-Dying'이 부상했다. 잘 사는 것만큼 잘 죽는 것도 중요하고, 잘 죽어야만 잘 살아온 삶이 잘 마무리된다는 요지다. 삶에 대한 미련을 거두는 동시에 죽음에 대한 두려움을 떨치자는 취지다.

그러나 잘 살려면 잘 사는 것에, 잘 죽으려면 잘 죽는 것에 집착하지 말아야 하는 게 또한 무심의 도리다. 귀하고 화려한 삶일수록 죽기가 겁나고 남 주기도 아깝다. 어쩌면 개나 물어갈 인생이 가장 깔끔한 인생이다. 쌓아둔 것이 없으니 허물어질 것도 없고, 앞으로 내세울 것이 없으니 뒤로 구릴 것도 없다.

비슷한 맥락에서 내일 당장 죽어도 괜찮은 삶이 가장 여유로운 삶이다. 지속가능한 행복의 길을 걸으려면, 자족과 함께 기백을 친구로 삼아야 한다. 설령 이번 생에 개죽음을 당하더라도, 다음번엔 그렇게 안 죽으면 된다!

올봄에 심은 나무가 가을에 맛있는 열매를 맺을지, 여름 폭우에 송두리째 뜯겨나갈지는 아무도 모른다. 다만 나무가 시체가 되건 거름이 되건 어느 집의 가구가 되건…. 낱낱의 처지에서 군소리보다는 긴 호흡을 머금으며 살아가고 싶다. 결론은 삶은 죽음과 같아야 하고, 죽음은 삶과 같아야 한다는 것. 죽은 듯이 살다가, 밥 먹듯이 죽을 수 있다면.

황제가 주는
선물을
'쬐끔만' 받다

달마의 흠결

박탈감과 증오심이 빚은
한국사회

국민 전체가 두 편으로 나뉘어 거대한 스포츠 경기를 벌이는 모양새다. 일종의 대통령배杯 대회인데, 대통령을 좋아하는 사람들과 싫어하는 사람들이 각각 편을 먹었다. 그리고 무조건 좋아하거나 끝까지 싫어하는 게 그들만의 팀워크다.

어느 한쪽을 편들어주기는 애매하다. 선거에서 졌으면 입 닥치라는 게 승자의 고집이고, 제발 좀 상대해달라는 게 패자의 오기다. 보편적 가치가 아니라 기득권을 지키는 게 보수의 관행이다.

진보는 말은 많은데 힘이 없다. '근면'은 아름답고 '창조경제'는 솔 깃하다. 하지만 우리 사회의 진짜 원동력은 박탈감과 증오심이다.

분단 이후의 한국사를 사람에 빗대자면, 이렇게 파란만장한 인생도 드물다. 친일파 청산에 실패하면서 반칙이 원칙으로 자리 했다. 간신히 연명하던 양심은 전쟁으로 거덜이 났다. 폐허도 토지 이며, 어떻게든 살아남는 자가 폐허를 차지하게 마련이다.

반공反共이 정의인 체제에서는, 공산당만 싫다고 하면 웬만 한 불의는 용서받기 쉽다. 산업화는 인간답게 살기 위해, 인간이기 를 포기하겠다는 선언이고 재촉이다. 한국인의 국민성은 '빨리빨 리'와 '나도 너처럼(나도 너만큼은 살아줘야 직성이 풀리겠다)' 정신으로 귀결된다는 어느 언론인의 발언에, 고개를 끄덕인 적이 있다.

'도덕'이라 쓰고 '무기'라고 읽는다

정권을 비판하면 멸문지화를 당하는 시절은 지났다. 이제는 네티즌들에게 책을 잡히면 끝장이다. '도덕'이라 쓰고 '무기'라고 읽는 풍조다. 도덕적으로 부적절한 처신에 대한 공격만큼, 상대방 을 신속하고 화끈하게 몰락시키는 방법도 드물다. 남을 파묻은 깊 이만큼 내 위신이 올라간다는 믿음이, 요즈음 유행하는 신앙이다.

잘못은 잘못 이전에 약점으로, 용서는 바보등신의 짓거리로 여겨진다. 따뜻한 말 한 마디는 돈이 안 들지만, 돈이 안 되므로 좀

체 인기가 없다. 도덕은 눈을 부릅뜨고 살아있는데, 정작 그 안에서 예의는 찾아보기 어렵다.

타자他者와의 얽힘과 괴로움을 불교에선 반연攀緣이라 한다. 유식론唯識論이 말하는 의타기依他起. 마음은 반드시 누가 건드려야만 비로소 움직인다. 음식을 보면 군침이 돌고, 원수를 보면 죽이고 싶은 이치다. 반攀은 '똥 분糞'과 비슷하게 생겼다.

누군가를 미워한다면 크게 두 가지 이유에서다. 그가 정말 쓰레기이거나 아니면 쓰레기보다도 못나게 사는 스스로가 밉거나. 또한 개새끼와 맞서려면, 똑같이 개새끼가 되어야 그나마 경쟁이 가능하다. 마음의 바깥이 더럽고 치사하게 느껴질수록, 마음의 안쪽도 추잡스럽고 쓸쓸해지는 것이다.

....
실수투성이인 삶일수록
....
타인의 실수를 용납하지 못한다

가부장제와 국민교육의 영향으로 '예의禮義' 하면 유교가 떠오른다. 공자孔子의 언행을 기록한 『논어論語』는 유림 최고의 경전이다. 거창한 이념이나 강령으로 시작될 듯하지만, 의외로 소박하다. 말끝마다 붙는 어조사 호乎는 느낌표에 해당한다. "배우고 때때로 익히면 기쁘지 아니한가!" "멀리서 벗이 찾아와주면 즐겁지 아니한가!" "남이 알아주지 않아도 성내지 않는다면 이 또한 군자君

마음이 한쪽으로 기울면 비열하고 옹졸해진다.
뒤틀린 마음에 비친 세상 역시 꼴불견이나 도박판으로
보이기 십상이다. 반면 자신의 삶을 온전하고
흔쾌하게 받아들이면, 여기저기 기웃거리거나
손을 벌리지 않아도 된다. 여기저기 살펴주고
일손을 보탤지언정. 실수투성이인 삶일수록 타인의
실수를 용납하지 못하는 법이다.

· · · · · · ·

· · · · · · ·

· · · · · · ·

子 아니겠는가!"

　　곧 열심히 공부하고 인덕이 있으며 시류에 초연하면, 그것
만으로 최고의 인격체인 군자라는 역설力說이다. 무엇보다 공자가
평생을 배우고 익힌 주제는 타자이며, 마침내 옆에 누가 있어도 좋
고 없어도 좋은 명랑생활을 이룩했다. 더불어 군자란 충신이나 꼰
대가 아니라, '혼자서도 잘 노는 자'라는 역설逆說이 성립되는 대목
이다.

　　어느 날 "자신의 도道는 하나로 통한다."는 공자의 말을 사람
들이 궁금해 하자, 제자인 증자曾子가 그것을 충서忠恕로 설명해주
었다. 사자성어 '일이관지一以貫之'의 유래다. 충忠은 자기 마음의 중
심을 잡아야 한다는 것이고, 서恕는 그래야만 남들의 마음을 진실
하게 헤아릴 수 있다는 것이다.

마음이 한쪽으로 기울면 비열하고 옹졸해진다. 뒤틀린 마음에 비친 세상 역시 꼴불견이나 도박판으로 보이기 십상이다. 반면 자신의 삶을 온전하고 흔쾌하게 받아들이면, 여기저기 기웃거리거나 손을 벌리지 않아도 된다. 여기저기 살펴주고 일손을 보탤지언정. 실수투성이인 삶일수록 타인의 실수를 용납하지 못하는 법이다.

변절입네 속물입네 돈마입네
돼지달마입네…

『치문숭행록緇門崇行錄』은 중국 명나라 말기 주굉株宏이란 이름의 선사가 썼다. 스님들의 귀감이 될 만한, 스님들의 언행을 추려 엮었다. '치문'은 먹물 옷을 입은 사람들의 무리라는 뜻으로, 곧 승가僧伽를 가리킨다. '고상지행高尚之行' 편은, 만인지상萬人之上을 홍어생식기쯤으로 대했던 강심장들의 일화를 묶었다. 임금의 거듭된 초대를 무시하고, 친히 내어준 공양을 거부하고, 어가御駕를 본체만체한 스님들에게 박수를 보내고 있다.

"계율을 지키며 하루를 살지 파계破戒하고 백년을 살지 않겠다."던 신라인 자장慈藏 율사의 기백도 소개됐다. 이렇듯 수행자는 언제나 청렴하고 누구 앞에서나 도도해야 한다. 절대 권력에 대한 이들의 폄하는, 사람에게 차별을 두지 않으며 생사를 초탈해 있음

| 3장 | 자기에게 뿌듯하고 남에게 겸이 되지 않는 길 |

을 입증하는 솔선수범이다.

「안심법문」은 천자天子의 귀에까지 들어갔다. 달마의 특이한 행적을 전해 듣고는 효명제孝明帝가 그를 찾았다. 북위北魏의 제8대 황제로, 불교를 존숭했다. 증조할아버지였던 태무제가 자행한 폐불廢佛의 상처를 완전히 씻었다. 그는 달마가 정진하던 소림사로 세 차례나 사자使者와 조서詔書를 보내 궁궐에 와주기를 청했다. '큰스님'이라면 무조건 만나서 기를 받고 싶어 하는 성정이었으리라 짐작된다.

극진한 삼고초려에도 달마는 요지부동이었다. 한턱 단단히 낸 예물도 죄다 돌려보냈다. 여기까지는 정권 앞에 당당했던 역대 조사祖師들의 패턴과 동일하다. 그러나 끝내 오점을 남기고 마는데, 황제가 주는 선물을 끝까지 거절하지는 못한 것이다. 금으로 된 발우, 은으로 만든 병, 가사와 비단 등이라 전한다. 비록 "황제의 뜻이 강경해 마지못해 받았다"고도 하고 "전부가 아니라 약간만 받았다"는 일설도 있다. 그래도 받은 건 받은 거다. 그 시절에도 누리꾼이 있었다면, 이후의 국면은 안 봐도 3D다. 변절입네 속물입네 돈마입네 돼지달마입네….

선물을 받는 것으로 '퉁을 치다'

양현지(楊衒之, ?~555)는 달마가 살던 고을의 태수였다. 달마의 유언을 들었던 재가불자로 그만큼 사이가 도타웠다. 그가 집필한 「낙양가람기洛陽伽藍記」는 북위의 수도였던 낙양의 불교문화와 정치사회상을 담았다. 책에는 달마가 등장하는데, 여기에도 의외의 모습이 나타난다.

낙양 최대의 사찰 영녕사永寧寺를 구경하던 중 "나무南無 나무!"를 연발하면서 며칠을 찬미했다는 것이다. "내가 150살을 먹도록 여러 나라를 돌아다녔으나 이와 같은 극물경계極物境界는 본 적이 없다."는 발언은 매우 이율배반적이다. 법문 곳곳에서 마구잡이 불사佛事를 손가락질하던 사람이니 말이다. 기록이 사실이라면, 달마는 웬만한 악덕 정치인 뺨치는 위선자인 셈이다.

자못 되새겨야 할 것은 예물은 거절하지 못했으나, 황제의 호출엔 끝까지 응하지 않았다는 점이다. 뇌물도 아니다. 어쩐지 선물을 받는 것으로 '퉁을 쳤다'는 느낌이 강하다. 일반인에겐 하해와 같은 성은聖恩이겠으나, 달마에겐 빛 좋은 개살구에 지나지 않는 물건들이다. 비단으로 밥을 지을 수 없는 데다, 금발우를 자랑하려도 주변에 사람이 없는 사람이었다. 아마도 계속해서 사양해야 하는 상황 자체가 귀찮았을 것이다.

그렇다면 영녕사를 향한 찬사는? 쌀밥이 질리면 가끔은 라면을 먹고 싶은 게 마음의 속성이다. 아니면 영녕사를 참배하는 스

| 3장 | 자기에게 뿌듯하고 남에게 짐이 되지 않는 길 |

님들이 여럿이었거나 공짜 여행이었을 것이다. 그러니 분위기를 깨지 않으려면 몇 마디 지껄여야 할 밖에. "안녕하시오.", "식사는 하셨소." 생활 속의 말은 절반이 빈말이다.

....
나의 뚱뚱한 나의 귀여운 아저씨

빨갱이몰이가 오히려 더 빨갱이스럽다. 애당초 출발이 공정하지 못했던 점이 계속해서 대한민국의 원죄로 남아 있다. 인과응보가 정의의 본체라면, 이익의 합당한 분배가 정의의 작용이다. 도덕보다 중요한 것은 상도덕이다. 상도덕을 못 지키겠으니까 불신지옥이나 종북척결과 같이, 이상한 데서 정의를 찾는 것이다.

진정한 예의는 신뢰와 화합이란 기름진 수사가 아니라, 밥그릇에 밥이 가득한 사람이 밥이 적은 사람에게 밥 한 덩이를 나눠주는 일이다. 그러나 밥은 말을 못해서 번번이 말에게 진다. 그래서 여전히 선악은 피아彼我에 불과하고, '가난함'은 '어리석음'과 동일시되는 세태다. 힘하게 말하거나 꾸며서 말할 바엔, 차라리 말을 섞지 않는 게 인간에 대한 예의다.

괜한 선물을 받았다가 체면을 구긴 달마를 위한 변명: 그는 기본적으로 자존自尊에 대한 관심이 없는 인간이다. 이는 역설적으로 완벽하게 자존自存을 성취했기 때문이다. 누가 뭐란다고 존재를 슬퍼하지 않았으며, 누구에게 뭐라며 존재를 능멸하지 않았다. "황금 보기를 돌같이 하라."는 경구警句를 내면화한 인간이었고, 정말 황금을 돌로 봤다.

　　중도中道란 입으로만 사는 것들을 따르지 않는 길이다. 입이 없는 삶은 외롭지만 순하다. 더우면 더위와 하나가 되고, 걸음이 느리다고 재촉하지 않는다. "악惡을 보고도 질색하지 말고 선善을 보고도 부지런떨지 말라. 지혜를 버리되 어리석음을 가까이하지 말고 어리석음을 떠나서 깨달음에 다가가지도 말라." 양현지에게 전한 마지막 법문이다. 달마는 선악이 횡행하지 않고, 이편도 저편도 거들떠보지 않는 길로만 다님으로써, 중도를 성취했다. 혹은 엉덩이가 무거워서 그냥 내내 앉아있던, 나의 뚱뚱한 나의 귀여운 아저씨.

지혜로운 사람은
세상의 흐름에 자기를 맡긴다.
저항하지 않되
굴종하지도 않는다.

「안심법문」

'나'라는 놈이 있으면 밥을 먹어야 한다. 옆에 남이 있으면 더 먹어야 직성
이 풀린다. 공부도 해야 하고 기도도 해야 한다. 손가락질도 해야 하고 가끔
은 민원도 넣어야 한다. 피곤하다. '나'를 내세워야 하는 상황은 대개 치졸하
고 볼썽사납다. '나'라는 고집은 사실 나를 위해 해줄 수 있는 게 별로 없다.
떼를 써봐야 욕이나 먹기 십상이다. 애를 써봐야 죽음을 늦추긴 어렵다. '나'
에게 연연하지 않으면, 목마른 '나'도 못난 '나'도 홀연히 종적을 감춘다. 건
실하고 묵묵하게 자기 페이스 대로 살아갈 때, '나'는 조용하고 의젓하게 나
의 삶을 지켜본다.

산다는 건,
'피가 흐르고
맥박이 뛰는'
것일 뿐

혈맥론엔
위선이 없다

그는 거의 혼자 있거나
앉아 있었다

서천西天의 27조사祖師들은 차례만 달랐을 뿐 하나같이 마음의 법칙[심인, 心印]을 전하였다. 나도 이제 이 땅에 와서 오직 일심—心을 전할 따름이다. 계율과 보시, 정진과 고행, 불에 뛰어들거나 작두를 타거나, 일일일식—日—食과 장좌불와長坐不臥 따위의 재주는 말하지 않으려니.

흔히 보리달마의 '9년 벽관壁觀'은 수행 혹은 인내의 기간으로 해석된다. 종일토록 벽을 바라보

며 도를 구했다거나, 세상에 자신의 뜻을 펼 기회를 기다렸다는 식
이다. 전투를 앞둔 장수 혹은 정치적 야인의 냄새가 풍긴다.

하지만 달마의 생애를 요약한 『전등록』에 따르면, 그는 특별
히 도를 구하지도 기회를 기다리지도 않았다. 단지 서기 527년부
터 536년까지 9년간 중국에 머물렀다는 것이 벽관의 전말이다. 기
릴 것도 본받을 것도 아니다. 본받으면 외로워진다.

더구나 그와 관련된 역사적 사건은 대개 초반에만 반짝했
다. 바닷길을 통해 광저우에 이른 날짜는 527년 음력 9월 21일이
며, 12월 9일에 혜가가 면전에서 팔을 잘랐다. 여정의 대부분은 심
심하다.

대략 80일 사이에 양무제를 만나자마자 결별하고, 갈댓잎에
의지해 황하를 건너고, 소림사에 칩거한 주요 행보가 전부 들어 있
다. 이후 제도권 불교에 밉보여 독살을 당할 때까지, 그는 거의 혼
자 있거나 앉아 있었다. 긴장도 야망도 없이, 대지의 한구석에 뒹
굴던 돌멩이.

'펼침'이 아니라 '거둠'으로써 가르치다

진실로 도道를 알고자 하는가. 모든 법法에 집착하지 말고
업業을 쉬어 정신을 기르라. 도道는 이미 이루어져 있으니 따
로 닦아야 할 이유가 없다. 온갖 형상과 개념, 사상과 덕목, 과

거와 미래는 마음으로부터 생겨난 것임을 알고 자중하고 자
족하라.

　달마는 서있을 때보다 앉아있을 때가 더 달마답다. 정지와
압축의 몸뚱이는, 밀봉된 마음의 육화肉化로 보인다. 한편으론 덩치
에 내재된 열기와 활력이 한결 도드라져, 폭발하기 직전의 무쇠솥
같은 느낌도 든다. 그 뜨거움은 아무리 힘들고 욕되어도 멈추고 닫
으라는 충고이자, 멈춤과 닫음을 방해하지 말라는 경고로 읽힌다.
　527년 겨울, 한사코 얼굴 좀 보자며 달마에게 수시로 연통을
넣던 효명제는 이듬해 급사했다. 그의 나이 열아홉이었다. 섭정攝
政을 계속하고 싶었던 친엄마가 음식에 독약을 풀었다. 달마를 귀
찮게 한 대가를 톡톡히 치른 셈이다.
　가르쳐 줄 게 없는데, 자꾸 가르쳐달라고 조르면 부아가 치
밀 만도 하다. 달마가 교훈을 전하기 위해 동쪽으로 왔다면, 일생
의 대부분을 침묵과 은둔으로 보내지는 않았을 것이다. 목적이 있
었다면, 그는 선교사다.
　달마는 '펼침'이 아니라 '거둠'으로써 가르쳤다. 인생을 뭔가
다르게 바꾸기보다는 인생을 있는 그대로 즐길 것을 권했다. 마음
에 족쇄를 채우는 게 법이라면, 마음에 상처를 남기는 게 업이다.
마음 가는 대로 사는 게 법을 초월하는 길이요, 생겨먹은 대로 사는
게 업을 극복하는 길이다.

"만약 마음을 말로 전할 수 없다면 무엇으로 전합니까." "그대가 나에게 묻는 것이 곧 그대의 마음이며, 내가 그대에게 대답하는 것이 바로 나의 마음이다. 자기의 성품은 진실하여 원인도 없고 결과도 없다. 법 그대로가 마음이니, 자기의 마음이 보리이며 자기의 마음이 열반이다."

마음이 곧 삶이다. 세상이 보이니까 세상이 있는 것이고, 우주를 상상하니까 우주가 있는 것이고, 불행을 떠올리니까 불행이 있는 것이다. 세계는 자아가 생각한 만큼만 존재하고, 분별한 만큼만 복잡해진다.

또한 마음은 끊임없이 움직이지만 자취를 남기지 않는다. '마음을 다 한다'는 건 대개 '입으로 다 한다'는 뜻이다. 끊임없이 흘러가고 언젠가는 잦아들 것들을, 억지로 막아 세우거나 웃돈을 붙여 팔아먹는 게 속세의 천태만상이다.

마음이 원인을 만들고 결과를 저지르는 법이다. '세상만사와 삼라만상이 모두 마음놀음'이라는 일반화는, 살면서 큰 걱정 하나를 덜어준다. 무시할 수 있게 하고, 달게 받을 수 있게 한다. 열등감은 굴절된 마음의 단면이고, 고행苦行은 꼭지가 덜 떨어진 마음의 소치다.

인과因果로부터 자유로운 마음은 사기꾼들에게 빌미를 주지

않는다. 어떤 식으로 죽어도 괜찮은 자는, 어떤 삶이 주어져도 족할
줄 안다. 특히 타인을 해치지 않고 자신을 망가뜨리지 않으려면, 저
자거리와 멀리 떨어져 조용하고 소박하게 지내는 게 능사다. 달마
는 아주 바람직한 독거노인이다.

그들의 지옥은 스스로 만든 지옥이어서,
어디를 가도 지옥이다

'부처'란 곧 부처가 아니다. '부처'라는 견해를 세워 제풀에 중
생이 되지 마라. 바깥에서 부처를 찾는 이유는 자기의 마음이
부처인 줄 모르기 때문이다. 부처를 찾고자 한다면 반드시 성
품을 보라. 성품을 보는 것이 바로 부처다. 부처를 가지고 있으
면서 '부처'에게 절하지 말고, 마음을 가지고 있으면서 '부처'
를 생각하지 마라.

1992년은 이른바 '휴거携擧' 소동이 일어났던 해다. 예수가
죄 많은 인류를 멸망시키기 전에, 구원받을 만한 사람들을 하늘로
끌어올린다는 소문이 오랫동안 돌았다. 그러나 약속된 10월 28일
자정, 승천昇天은커녕 공중부양조차 없었다. 다미선교회 8,000여
명의 신도들은 일제히 충격에 빠졌다. 대부분 일상으로 돌아갔고
일부는 구속됐으며, 몇몇은 아직도 날짜를 바꿔가며 꼬드기고 있

"경전을 달달 외우더라도 성품을 보지 못하면
어리석음을 면하기 어렵다."며 절 안의 책벌레들을 골렸다.
"성욕을 끊지 못해 고민하는 속인"에게도 "무수한 살생의
죄업으로 천벌을 받을까 떠는 백정"에게도,
"견성하면 단박에 부처"라며 면죄부를 줬다.
당대의 강백講伯과 율사律師들이 왜 그리도 달마를
죽이고 싶어 했는지 이해할 만도 하다.

· · · · · · · · ·

· · · · · · · · ·

· · · · · · · · ·

다는 전언이다.

　불교 역시 『요한계시록』이 무색할 정도로, 상당히 무시무시
한 종말론을 갖고 있다. 『월장경月藏經』에는 "500년을 주기로 불법
이 크게 쇠퇴하는데, 불기 3000년에 말법末法 시대가 본격 도래하
리라."는 예언이 적혔다. 전쟁, 역병, 불기둥, 가뭄, 지진, 붕괴, 고
갈… 흉하고 역한 단어들은 죄다 긁어모아 협박하고 있다. 멸망하
지 않으면 어떻게든 멸망시켜버리겠다는 태세다.

　『월장경』은 사이비종교가 즐겨 활용하는 경전이다. 혹세무
민을 생계수단으로 택한 자들에게, 불교의 이름값은 요긴하다. 곧
'부처님'이 필요하다면, 뭔가 필요한 게 있다는 이야기다. 아픈 마
음이 '하나님'을 만들고, 아파서 미쳐버릴 것 같은 마음이 종말론
에 미쳐 날뛴다. 그것은 모든 희망을 상실한 자들의 마지막 희망이

어서 더욱 독하다. 끝을 향한 열망은 끝장을 보고 싶다는 적개심과 근친관계다.

그렇지만 그들의 지옥은 스스로 만든 지옥이어서 어디를 가도 지옥이다. 거듭 단언컨대, 마음에 비치고 마음이 헤아린 만큼만 삶이다. 신神을 마음에 품지 않으면, '부처님'과 '예수님'이 그를 어떻게 할 수 없다. 극락은 '극락'이란 낱말에만 있다. 그 작은 글자 안에서 도대체 무엇을 할 수 있단 말인가.

경전을 읽으면 총명해지고 계율을 잘 지키면 천상에 태어나고 선행을 베풀면 복을 받을 것이다. 그러나 거기에 부처는 없다.

「혈맥론血脈論」은 보리달마의 여섯 가지 법문인 『소실육문少室六門』 가운데 하나로, 가장 파격적인 법문이다. 그야말로 피가 튀는 언어를 쓰면서, 교단의 사상과 윤리와 체제를 송두리째 부정하고 있다. '핵심' 또는 '근본'으로도 의역되는 '혈맥'은 달마가 가장 하고 싶었던 말이며 가장 솔직한 말이다.

"경전을 달달 외우더라도 성품을 보지 못하면 어리석음을 면하기 어렵다."며 절 안의 책벌레들을 골렸다. "성욕을 끊지 못해 고민하는 속인"에게도 "무수한 살생의 죄업으로 천벌을 받을까 떠는 백정"에게도, "견성하면 단박에 부처"라며 면죄부를 줬다. 당대의 강백講伯과 율사律師들이 왜 그리도 달마를 죽이고 싶어 했는지 이해할 만도 하다.

어찌 됐건 달마의 독보적인 카리스마는, 모든 것을 뭣도 아닌 것으로 웃어넘길 수 있는 패기에서 비롯된다. 본래 아무것도 없으니 있다고 고집하지 말고 있어주기를 구걸하지 말라는 '정신'에는, "스스로 알았다면 배우지 않아도 얻는다"는 확신과 자긍이 넘친다. 성직자로서 존경받고 싶다는 욕심도 보이지 않는다. 그의 마음은 무덤이었다.

궁극적으로 달마에게 삶이란 혈맥血脈이었다. 산다는 건, '피가 흐르고 맥박이 뛰는' 것일 뿐이라며 그 이상의 의미를 두지 않았다. 관념으로서의 종교는 몽매하고, 보상으로서의 종교는 치졸하다. 종말론에 상식이 없다면, 혈맥론엔 위선이 없다.

··

지금 살아있다면, 그냥 살아라

"그대가 말하고 움직이는 것이 그대와 다르던가. 다르지 않던가?" "다르지 않습니다." "다르지 않다면 그 몸이 바로 그대의 법신法身이며 그대의 본래 마음이다."

요컨대 아무 생각 없이 지내면, 아무 일도 일어나지 않는다.

'참나'는 환상이고, 무심無心이 안심安心이다. 마음의 바깥은 걸핏하면 혼란과 갈등을 유발한다. 인생의 목표가 클수록 다른 목표들을 억압하거나 다른 목표들에 희생당하기 십상이다. 지금 존재하고 있다면, 그것만으로 존재는 완벽하다.

적게 말하면 무심을 지키기 쉽고, 적게 만나면 무심을 방해받지 않을 수 있다. 그래도 간간이 아플 것이다. 그때는 그냥 아프면 된다. 아프면 아픈 대로 모자라면 모자란 대로 부처이니까. 모든 치유의 시작과 끝은 자기치유이다. 자기치유에는 사람이 아니라 시간이, 수다가 아니라 성찰이 요구된다. 비로소 '나 말고는, 나의 삶을 살아낼 장사는 없다'는 깨달음의 든든함.

사후세계는 미끼다. 삶에 대한 혐오와 죽음에 대한 공포가 죽음을 만든다. 삶에 대해 이러쿵저러쿵 연연하지 않으면, 살아있다는 현상조차 발생하지 않는다. 반면 삶이란 이렇게 실체가 없는 것이어서, 피할 수도 뛰어넘을 수도 없다. 그러므로 어떻게든 살아내야 한다면, 삶의 군살을 줄이고 앙금을 덜어내는 게 관건이다.

무엇보다 생사에 대한 무심. 태어나기 싫어도 태어나야 하고 죽을힘을 쏟아도 죽고 마는 삶은, 본질적으로 거지같은 것이라는 폭발적인 통찰! 이토록 거대한 '구라'를 받아들일 수 있는 자가 과연 몇이나 될까.

부처를 가지고 있으면서
'부처'에게 절하지 말고,
마음을 가지고 있으면서
'부처'를 생각하지 마라.

「혈맥론」

나는 부처다. 너도 부처이고 우리도 부처다. 저들도 부처였으면 한다. 산 위의 구름도 부처고, 산 아래 염소도 부처다. 오른쪽으로 기우는 물도 부처이고, 왼쪽으로 거스르는 물도 부처다. 콩쥐도 부처고 팥쥐도 부처다. 콩쥐는 콩쥐여서 부처이고… 팥쥐는 팥쥐여서 부처다! 부유함도 부처이고 부족함도 부처다. 천당에만 부처가 있다면 지옥이 섭섭할 것이다. 어제 입에 넣은 밥이 부처이고, 오늘 똥구멍으로 나온 밥이 부처다. 돌고 돌고 도는 가운데, 생사(生死)가 뒤엉켜 부처를 웅얼거린다. 이 모든 것이 부처이고, 이 모든 것이 부처가 아니라는 자가 부처다. '부처'라니까, 부처다. 눈 감으면, 없다. 눈 뜨면, 또 있다. 죽겠다.

4

자기다움을
지키려
애썼고,

혁명을
꿈꾼 죄로

죽어야 했다

아무것도 없다,
그러니
아무렇지 않게

'변종' 육사외도와의
선문답

막가파식 유물론에서
역대 최강의 금욕주의까지

육사외도六師外道는 부처님이 생
존할 당시 인도에 유행했던 6가지 사상이다. 산스크리트 원어로
발음한 이들의 이름은 퍽 괴상하고 익살스럽다. 내용도 이물스러
운 편이다.

'아지따께사깜발라'는 막가파식 유물론을 지향했다. "사람
은 흙[地]·물[水]·불[火]·바람[風] 등 4대大의 집합에 불과하며 죽
으면 아무것도 남지 않는다"면서 "죽기 전에 실컷 먹고 놀라"고 권
했다. 제사, 기도, 교육, 도덕 등 내세나 영혼과 관계된 의제議題들엔

콧방귀를 뀌었다. '뿌라나깟사빠'의 윤리적 회의론 역시 매우 시니컬하다. "선악은 사회적 관습에 따라 정해진 임의의 개념일 뿐"이라며 선을 멀리하고 악을 모른 체했다. 그들에겐 연쇄살인마저 따분한 일상이었다.

'막칼리고살라'의 숙명론에도 도저한 비관이 나타난다. "이미 예정된 길흉화복은 바꿀 수 없다"면서 "끝없이 생을 반복하다 보면 언젠간 해탈에 들 것"이라 위무했다. '빠꾸다깟자야나'는 '지수화풍'에 고苦와 락樂, 생명을 덧붙였다. 아울러 이러한 물질의 7요소는 사라지지 않으니, 죽어도 죽은 것이 아니라는 불멸론을 표방했다. 괴로움과 즐거움이란 감정을 물질로 본 점이 특이하다.

'싼자야벨라띠뿟다'는 "진리는 알 수 없으니, 그때그때 소신대로 말하면 그게 바로 진리"라는 불가지론을 폈다. '니간따나뿟다'는 오늘날 자이나교의 유래다. 역대 최강의 금욕주의. 업業에 물들지 않을 요량으로 입에 마스크를 하고 다니거나 벌거벗고 다닌다.

⋯⋯⋯⋯⋯⋯⋯⋯⋯⋯⋯⋯⋯⋯⋯⋯⋯

탈 많고 한 많은 세상을 건너기 위해

여섯 스승의 가르침은 상당히 신선하다. 고대 인도인들의 철학적 상상력을 엿볼 수 있다. 다만 중도中道를 강조하는 불교가 보기엔, 영 탐탁치가 않았다. 너나 할 것 없이 현세를 바라보는 관점이 너무 극단적이고 단정적이었기 때문이다.

저마다 자의적으로 하나의 '세계'를 설정해놓고 그 안에 숨어서 안주하는 모양새다. 그래서 불교는 육사六師라 존중하면서도, 외도外道라 깎아내렸다. 한편으론 탈 많고 한 많은 삶을, 가급적 무난하게 건너고 싶다는 간절함이 배어 있다. 측은하고 때론 정답다.

나는 혼자이고 나 아닌 것은 부지기수인 게 인생이다. 나 아닌 것들은 항상 나보다 한발 먼저 와서, 주인 행세를 하고 자릿세를 요구한다. 아픈 현실이 아픈 마음을 만들고, 아픈 마음이 아픈 현실을 덧낸다. 더구나 사유가 깊을수록 번뇌도 깊어지며, 사유가 높을수록 평균과 멀어진다.

고독과 세파에 지친 현자들은, 의례히 양비론이나 환원주의를 활용해 문제를 단순화하거나 기피한다. 이런 꼴 저런 꼴 다 보기 싫다며, '하늘의 뜻'에 머리를 파묻는다. 현실을 실제적으로 변화시키는 칼도, 현실을 자기 쪽으로 끌어올 수 있는 세勢도 없는 상황에서, 유일하게 선택할 수 있는 자기위안이고 자기방어인 셈이다.

·······································
'뒤죽'과 '박죽'은 따로 나눠도 뒤죽박죽

유상종有相宗 · 무상종無相宗 · 정혜종定慧宗 · 계행종戒行宗 · 무득종無得宗 · 적정종寂靜宗은 불교사에 나타나는 또 하나의 육사외도다. 보리달마가 인도에 머물 때 득세했던 종파인데, 달마는 이들과

죽도록 아프고 미치도록 괴로울 때에야
삶은 진짜 삶이 된다. 온몸으로 내게 와서, 온몸으로 나를
집어삼키고 무너뜨린다.
고통은 살아있음을 일러주는 가장 확실하고 혹독한
증거이며, 죽음의 문턱이 사실은 생명의 절정이다.
당장이라도 죽을 것 같은 삶 혹은 죽는 게 나은 삶이
사실은 가장 삶다운 삶인 것이다. 통증과 반목과 시름의
도가니는 뜨겁지만, 뜨거운 만큼 강하다. 시련을 버텨내면
그보다 더 큰 시련을 버텨낼 재간이 주어진다. 누군가는
"쓴맛이 사는 맛"이라고 했다.

·   ·   ·   ·   ·   ·   ·   ·   ·   ·   ·   ·   ·   ·   ·   ·

·   ·   ·   ·   ·   ·   ·   ·   ·   ·   ·   ·   ·   ·   ·   ·

·   ·   ·   ·   ·   ·   ·   ·   ·   ·   ·   ·   ·   ·   ·   ·

논쟁을 벌여 전부 제압했다. 달마의 변재辯才를 부각시키기 위해 후
대가 끼워 넣은 장치로도 여겨진다.

　'원조' 육사외도는 궤변 같기는 해도, 논리가 워낙 단순명쾌
해 이해하기 쉬운 편이다. 이에 반해 '변종' 육사외도의 변설은 지
독하게 난해하다. 예컨대 "형상을 말한 것도 비非형상을 말한 것
도 아니"라는 둥, "정定과 혜慧는 하나도 아니고 둘도 아니"라는 둥,
"모두가 옳고 모두가 그르다"는 둥 말의 꼬임과 능침이 지나치다.

　해괴하기론 계행종의 어법이 으뜸이다. "무엇이 계이고 행
인가, 그것은 둘인가 하나인가?"라는 달마의 암호 같은 질문에,

"하나와 둘이 모두 그에게서 나오며 교教에 의하여 물들지 않는 게 계행"이라는 '비문秘文'이 돌아왔다. 이에 달마가 "교를 들먹인다는 것 자체가 물듦"이라고 되묻자 계행종은 "모두가 옳고 모두가 그르다."고 반박했다. 짐작컨대 계戒는 계율이고 행行은 계율에 입각한 실천을 가리키는 듯하다.

아무튼 달마는 이 어처구니없는 선문답에서 승리하는데, "모두가 옳고 모두가 그르다면 청정하다고 할 수 없고, 이미 통달했다면 어찌 안팎을 논하는가."라는 '음어陰語'가 주효했다고 한다. "이 말에 계행종의 현자는 항복하고 말았다."(『전등록』) 뒤죽과 박죽이 모두 뒤죽박죽에서 나오며, 박죽에 의해 뒤죽이 물들지 않는 게 뒤죽박죽? '뒤죽'과 '박죽'은 따로 나눠도 뒤죽박죽이다.

영원불변한 진리에 관한 갑론을박

나머지 종파의 논변과 달마의 비판은 대략 납득이 된다. "모든 형상 가운데서 따로 형상을 취하지 않는 것이 실상實相"이라는 주장이 유상종이다. 그러자 달마는 "실상이란 것도 결국은 임의로 규정한 형상"이라며 "형상이든 비非형상이든, 있고 없음에 걸리지 않는 것이 실상"이라고 가르쳤다. "모든 것은 허망하다."는 무상종에게는 "그렇다면 모든 것은 허망하다는 깨달음조차 허구인데, 이를 어떻게 설명할 것이냐."고 따졌다.

이밖에 "정과 혜는 하나도 아니요 둘도 아니라 하면서 어찌하여 정과 혜를 따로 나누어 말하는가"라는 지적이 정혜종에 날아간 핀잔이다. "얻을 것이 없다."는 무득종에겐 "'얻을 것이 없다'는 통찰 자체가 얻어질 수 없다."고 타일렀다. 고요한 마음을 갈구하는 적정종에겐 "모든 법이 원래 공空이며 적멸인데, 고요하고 자시고 말 게 무엇인가?"라고 반문했다.

결론적으로 변종 육사외도는 영원불변한 진리에 관한 갑론을박이다. 원조 육사외도의 취지와 동일하다. 그들은 자기들이 임의로 만들어낸 '상相'과 떼 지어 만들어낸 '종宗' 안에서 초록동색 어울렸다. 그리곤 자기들을 이해해주지 않는 자들을 욕하면서 살았을 것이다. 어쩌면 자기들도 정확히 무슨 소리인지 모를 소리를 주절이면서.

황망한 유유상종이 답답했을 달마는, 일관된 논지로 이들의 허점을 파고들었다. 유상이든 무상이든 정혜든 계행이든 무득이든 적정이든, 그것을 그것이게 하는 것은 무엇인가. 결국 당신들의 마음 아닌가. 한 걸음 나아가 유상이든 무상이든 정혜든 계행이든 무득이든 적정이든, 무엇이라 불러도 삶은 '무심히' 흘러가는데…. 다급하고 어수선한 마음 안에서 벌이는, 마음의 수음手淫 아닌가.

고통은 살아있음을 일러주는
가장 확실하고 혹독한 증거

"마음 마음 마음이여, 정말로 찾기가 어렵구나(心心心難可心, 심심심난가심). 너그러울 때는 온 세상을 품더니(寬時遍法界, 관시편법계), 옹졸해지면 바늘 하나 꽂을 자리조차 용납하지 않으니(窄也不容針, 착야불용침)."「안심법문」에 소개된 달마의 게송이다. 언뜻 스스로 통제할 수 없는 마음에 쩔쩔매며 낙담한 기색이 역력한 문장이다.

하지만 '마음을 억지로 다잡거나 달래려 하지 말고 마음 돌아가는 꼬락서니를 그냥 바라보라'는 의도라고 읽으면, 기운찬 절창으로 들린다. 넓은 마음도 마음이고 좁은 마음도 마음이니 떠벌일 것도 깎아내릴 것도 없다는 당부이며, 정 어쩔 수 없다면 어쩌지 말라는 채근이다.

먹고 마시며 웃고 떠들 때의 삶은 헛것이다. 입만 살아있으니까. 죽도록 아프고 미치도록 괴로울 때에야 삶은 진짜 삶이 된다. 온몸으로 내게 와서, 온몸으로 나를 집어삼키고 무너뜨린다. 고통은 살아있음을 일러주는 가장 확실하고 혹독한 증거이며, 죽음의 문턱이 사실은 생명의 절정이다.

당장이라도 죽을 것 같은 삶 혹은 죽는 게 나은 삶이 사실은 가장 삶다운 삶인 것이다. 통증과 반목과 시름의 도가니는 뜨겁지만, 뜨거운 만큼 강하다. 시련을 버텨내면 그보다 더 큰 시련을 버텨낼 재간이 주어진다. 누군가는 "쓴맛이 사는 맛"이라고 했다.

삶이 마음대로 되지 않는다면, 마음을 삶에 맡기라

"80년 전에는 그대가 나이더니, 80년 후에는 내가 그대로구나." 서산대사로 유명한 청허휴정清虛休靜의 열반송이다. 죽으면 자신의 제사 때 모셔질 영정의 뒷면에, 그는 이렇게 적었다. 80년을 살았어도 삶의 마지막은 한 방울의 거품이며, 수많았던 곡절이 종이 한 장으로 뭉뚱그려진다는 회한이 읽힌다.

죽음을 앞둔 내겐 오직 나만 남는다. 가장 아프고 외롭고 빈손인 순간이지만, 결국엔 나여서 핏줄이 당긴다. 마침내 그는 끝내 나이고 나는 겨우 그임을 절감하게 되면, '또 다른 나' 혹은 '그럴듯한 나'를 찾아 떠나는 수고를 덜게 된다. 휴정의 죽음은 어두웠지만, 임종은 어둡지 않았다.

달마는 "오직 본래의 성품을 보라"고 누누이 강조했다. 처음부터 끝까지, 목에 칼이 들어와도 견성성불見性成佛이다. 본성이란 삶을 삶이게 하는 것이며, 종국엔 어떻게든 살아있다는 것 자체다. 내게는 내게만 빛나는 가치가 있으며, 나만이 감당할 수 있는 치욕이 있다. 남이 알 수 있는 것도, 남에게 알려줄 수 있는 것도 아니다.

대신 살아줄 수 없다는 점에서, 남이 알아줄 필요도 없는 것이다. 본성을 보는 순간 부처가 된다는 명제는, 본성대로 살면 그만이라는 질박한 덕담으로 귀결된다. 생각한 대로 주어진 대로. 더불어 삶이 마음대로 되지 않는다면, 그냥 마음을 삶에 맡기는 것도 좋은 방법이다. 혼곤하고 기진한 마음 앞에 독주 한잔과 여비 몇 장을 내미는, '그럴 수밖에 없음.'

밖으로 모든 인연을 쉬고,
안으로 헐떡임이 없어,
마음이 장벽과 같으면,
능히 도道에 들어가리라.

「이종입二種入」

내가 원하기보다는 나를 원하는 사람만 만나려고 하는 편이다. 괜한 앙심을
품지 않아도 되고 손해를 볼 일이 적기 때문이다. 밖으로 모든 인연을 쉬라
는 건, 타인과 세파가 가져다주는 고역과 번민을 최대한 피하라는 주문이다.
만남을 줄이면 상처도 줄일 수 있다. 얼핏 수비적이고 일견 소극적인 처세다.
하지만 관중을 즐겁게 하려면 부지런히 골을 넣고, 우승을 원한다면 절대 골
을 먹지 말라고 하지 않던가. 물론 최선의 공격이 최선의 방어라는 반론도 설
득력이 있다. 그러나 잘 살기 위해서 누군가를 공격하고 싶지는 않다. 오늘도
홀로, 사방에서 갈겨대는 스트레스를 겨우겨우 막아내는, 내 마음 속 골키퍼.

잘 가라,
달마

시험의
그늘

정답과 오답이
수시로 바뀌는 시험

'공부를 잘 한다'는 말은 사실
어폐다. 공부는 질적 기술이 아니라 양적 노력의 범주에 속한 개념
이다. 그러니 많이 할 순 있어도 잘 할 순 없는 노릇. 엄밀히 따지면
'시험을 잘 본다'는 뜻으로 통용된다 하겠다. 시험의 명분은 학습
능력의 측정이지만, 실제로는 사람을 걸러내고 차별하기 위한 수
단으로 쓰인다.

경쟁이 없는 사회는 인간이 모두 죽어야 하는 사회다. 아울
러 시험과 공부를 동의어로 여기는 관행은, 시험공부 이외의 공부

는 공부가 아니거나 공부일 필요가 없다는 집단무의식을 반영한
다. 마음공부엔 물질적 대가가 따르지 않는다. 대저 유복한 집에서
자란 아이는 고생이라는 '인생공부'를 면제받기 쉽다.

학생이 스스로 문제를 내서 푸는 시험은 장난이거나 범죄다.
으레 시험의 주체는 학교나 기업, 지방의 관가나 중앙의 정부이며
이를 통칭하면 '갑甲'이다. 이른바 '주관식' 답안조차 결국엔 '그분'
들의 눈에 들어야 좋은 점수를 얻게 마련이다.

그래도 어려서의 시험은, 종이 위에서 치르는 시험은 명쾌
하다. 어쨌든 정답과 오답이 분명하니까. 반면 나이 들어서의 시험
은, 생업의 현장에서 치르는 시험은, 정답과 오답이 수시로 바뀐다.
옳음이 아니라 이김이 정답이다. 이놈의 비위를 맞추다 보면, 저놈
이 칼을 갈고 있다는 걸 깜빡하게 된다. 뻔뻔하고 비열한 것도 능
력이란 걸 절감한다. 눈앞에 시험지가 놓인 것도 아닌데, 자꾸만 시
험에 든다.

일자무식 밑바닥 인생의
역전만루홈런

법거량法擧量은 말 그대로 깨달음의 무게를 재는 일이다. 스
승이 제자와의 문답으로 그의 성장을 수시로 점검하는 게, 선가의
전통이다. 하루는 선종禪宗의 5조祖 홍인弘忍이 제자들을 불러놓고

마음에 관해 설명하라는 숙제를 냈다.

　수제자였던 신수神秀는 "부처의 마음은 깨끗한 거울과 같으니 매일 부지런히 닦아야 한다"며 매우 '정답스러운' 대답을 내놓았다. 이에 하판에서 허드렛일이나 하던 혜능慧能은 신수의 게송을 듣고는 "마음이란 것 자체가 헛것인데 거울이 웬 말이냐"며 한방 먹였다. 이름 하여 돈점頓漸 논쟁의 출발이다.

　"무릇 상相을 지니고 있는 것들은 모두가 허망하니, 모든 상이 '상이 아님'을 보면 곧 진리를 보리라." 일자무식임에도 『금강경』의 핵심을 단박에 깨친 혜능을, 홍인은 평소 예의주시하고 있던 터였다. 모든 것이 허망하다면, '모든 것이 허망하다'는 것을 아는 마음이란 것도 허망한 것이란 통찰. 승부는 단칼에 갈렸고 홍인은 혜능의 손을 들어줬다. 문제는 법거량에서 승리하면 상장이나 꽃다발 정도가 아니라, 문중 전체가 상품으로 돌아간다는 점이었다.

　혜능은 밑바닥의 행자에서 졸지에 교단의 우두머리로 등극했다. 아무리 절대적인 스승의 결정이라지만, 너무나 황당한 처사였다. 혜능은 선배들의 질투로 무려 16년 동안이나 도피생활을 해야 했다. 홍인이 내어준 가사와 발우를 들고 냅다 남쪽으로 달렸으며, 사냥꾼들 틈에 숨어 살았다. 여하튼 혜능은 5조로부터 6조를 약속받았고, 훗날 중국불교 최고의 선지식으로 등극했다.

6조는 5조가 아니라 7조가 정한다

『육조단경』은 혜능의 법문과 이력을 모은 책이다. 조사들의 어록 중에서 유일하게 경經이라는 호칭이 붙었다. 『금강경』이나 『화엄경』처럼, 부처님의 설법과 동등한 '클래스'라는 상찬이다. 『육조단경』의 주요 편자編者 가운데 하나가 하택신회荷澤神會 선사다. 그리고 혜능이 신수를 제압한 사연은 신회의 조작이란 설이 있다. 신회는 당초 신수의 문하였으나, 신수가 인정해주지 않자 혜능 쪽으로 돌아섰다. 자신만이 혜능의 직계제자라고 강변하는 동시에, 신수에 대한 비판으로 평생을 보냈다.

안사安史의 난이 일어나자, 병역기피를 원하는 백성들에게 승적僧籍을 대량으로 팔기도 했다. 이를 통해 막대한 이문을 남겨 국가 재정을 메워줬다. 황제의 환심을 얻어 종정宗正에 오르려던 꼼수로 풀이된다. 어느 스님은 "6조는 5조가 아니라 7조가 되고 싶은 자가 정한다."고 꼬집었다.

법거량은 마음의 이치를 드러내기 전에 먼저 스승의 마음에 들어야 하는 일이다. 필연적으로 객관성에 금이 간다. 더구나 문중의 승계라는 엄청난 보상이 걸린 대화일 경우, 숱한 뒷말과 갈등의 씨앗이 되기도 한다. 어떤 계보든 족보와 같아, 집안싸움의 불씨를 내포하고 있다.

법거량의 취지는 철학적일지 몰라도, 내막은 정치적으로 흐를 공산이 크다는 이야기다. 요컨대 가장 편안한 대화는 서로에게서 바라는 것이 없는 대화다. 그것이 아무리 신성하고 오묘한 주제일지라도, 무언가를 '재는' 대화는 끝내 시험이다. 험난하고 음험하다.

달마: 떠날 때가 되었다. 다들 그간 얻은 바를 말해보라.

도부: 제가 보기에는 문자에 집착하지 않고 문자를 버리지도 않음으로써 도道를 삼는 것입니다.

달마: 너는 나의 가죽을 얻었다.

총지: 아난이 아촉불국(극락)을 보았을 때에 한 번 보고 다시는 보지 않은 것과 같습니다.

달마: 너는 나의 살을 얻었다.

도육: 사대四大가 본래 공하고 오온五蘊이 실재하지 않으니, 따로 얻을 법이란 없습니다.

달마: 너는 나의 뼈를 얻었다.

혜가: (아무 말 없이 단지 절을 하고는 그 자리에 섰다.)

달마: 너는 나의 골수를 얻었다.

달마의 골수가 되어

달마의 골수를 빼먹다

서기 536년은 보리달마가 중국에 머문 지 9년이 되는 해이 살아있는 것들은 끝내 살아서, 자기의 몸만큼 아프고 마음만큼 괴롭다. 이것이 살아있는 것들에게 주어진, 유일하고도 정직한 깨달음이다. 대부분 몸뚱어리만으론 창피하니까 좋은 옷을 걸치고 브랜드를 따진다. 자기 자신만으론 버틸 용기가 없으니까 기도를 하고 학벌을 딴다. 거울이 아닌 마음은 닦아야 할 까닭이 없지만, 또한 헛것만은 아니어서 평생을 절름거린다.

· · · · · ·

· · · · · ·

· · · · · ·

다. 독살을 당한 해이자, 부활해서 다시 인도로 돌아간 해다. 달마는 자신의 이러한 행보를 일찌감치 알고 있었다. 디데이가 다가오자 후계자 물색에 나섰다.

문도들 가운데 도부道副, 총지總持, 도육道育 그리고 혜가慧可를 불러 면접을 치렀다. 총지는 비구니였다는데, 그만큼 따르는 무리가 많아졌음을 시사한다. 짐작하다시피 가죽·살·뼈·골수라는 구분은 미세하나마 격차를 의미하며, 1등을 차지한 혜가는 2조祖가 되었다.

물론 나머지 대답들도 본령을 벗어나는 것은 아니다. 저마다 초조初祖의 법을 잇기에 결격이 없어 보인다. 도부의 진술은 선종의 종지宗旨인 불립문자不立文字로 정리된다. 또한 극락을 기대하지 않는 만큼 지옥을 두려워 않겠다는 게 총지의 다짐이다. 도육의 내공도 육신의 굴레를 초월해 있다.

　그럼에도 조금씩 등급을 나눈 처사는, 사뭇 아리송하고 부당하다. 표현의 차이일 뿐 지혜의 고저高低라고는 여겨지지 않는다. 진작부터 혜가를 상속자로 낙점해둔 상태에서 부리는 생떼일 수도 있다. 앞서 밝혔듯, 혜가는 깨달음을 위해 제 팔을 자를 만큼 무서운 인간이었다. 더불어 달마는 그러한 혜가에게 죄책감을 가지고 있었다.

혜가는 이미 달마였으므로

　한편으론 다들 문자를 안 쓰겠다면서 슬며시 문자를 쓰고 있는 점은, 자못 비위가 거슬린다. 이겨야 한다는 의지가 보이고, 잘 보이고 싶다는 냄새가 난다. 무심無心을 '논하는' 마음은, 이미 무심이 아닌 것이다. 반면 혜가의 행동은 순전히 하직인사인 듯싶다. '잘 가시오 달마, 당신에겐 당신의 길이 내게는 나의 길이 있으니.' 교단의 권력과 역사적인 명예가 걸린 절체절명의 순간에, 혜가만이 자신을 꾸미거나 뽐내지 않았다. '시험에 들지 않고' 끝까지 자신으로 남는 처신 덕분에, 비로소 달마의 골수를 빼먹을 수 있었던 것이다.

　달마가 혜가를 인가認可한 이유는 달마가 그토록 바라던, 본성에 충실한 인간이었기 때문이다. 혜가는 완전히 혜가여서 오히려 달마라는 격외格外의 논리가 통하는 지점이다. '참된 개의 삶은 부처님이 아니라 개처럼 사는 것'이란 자재본연自在本然의 설법과 도 맥이 닿는다. 혜가는 이미 달마였으므로, 달마에게 비비거나 구걸할 필요가 없었다. 밑천까지 다 내어준 달마는 홀가분하게 떠날 수 있었다. 계산은 끝났고, 죽어도 좋았다.

돈수頓修를 주장한 혜능의 남종선南宗禪은, 점수漸修를 강조한 신수의 북종선北宗禪과 대비된다. 깨달은 이후에도 수행을 해야 하느냐(점, 漸) 하지 않아도 되느냐(돈, 頓)는 말다툼은 지금껏 유효하고 때론 시끄럽다. 깨달음은 분명 있으며 깨달음을 잃거나 잊지 않기 위해 끊임없이 수행을 해야 한다는 게 점수漸修다. 이에 반해 깨달음이란 것 자체가 망상이며 수행은 괜한 노역이란 게 돈수頓修다. 무엇이 옳다고 단정하기는 주저된다. 힘겹게 산에 오를 때는 점수가 맞는 듯하지만, 식사를 마치고 자리에 누우면 돈수가 정답이다.

다만 수행에 단계를 설정한 점수가 '점수點數'에 하릴없이 연연케 하는 일이라면, 수직적인 목표로서의 깨달음을 부정한 돈수는 일견 무책임하나 자유롭다. 그럴듯함이 아니라 그러함에 만족하고 그러함을 감수하는 일이다. '그냥 있음'에 변명이나 사족을 붙이지 않을 수 있다면.

몸에 묶인 마음은 기어이 몸을 위해 일한다. 혜능이 진정 생
사를 초탈했다면, 도망칠 생각 따윈 품지 않았을 것이다. 일단 목숨
을 부지해야겠다는 마음이 기起했고, 뒷날을 도모해야겠다는 마음
이 동했다. 그래서 실존이 본질에 앞선다는 것이고, "금강산도 식
후경"이란 속담은 속담 이전에 잠언이다.

살아있는 것들은 끝내 살아서, 자기의 몸만큼 아프고 마음만
큼 괴롭다. 이것이 살아있는 것들에게 주어진, 유일하고도 정직한
깨달음이다. 대부분 몸뚱어리만으론 창피하니까 좋은 옷을 걸치고
브랜드를 따진다. 자기 자신만으론 버틸 용기가 없으니까 기도를
하고 학벌을 딴다. 거울이 아닌 마음은 닦아야 할 까닭이 없지만,
또한 헛것만은 아니어서 평생을 절름거린다.

"오로지 알 수 없음을 안다면, 이게 바로 본래 성품을 보는
것이다(但知不會 是即見性, 단지불회 시즉견성)." 대표적인 점수론자로
알려진 보조지눌普照知訥 선사가 『수심결修心訣』에 남긴 경구다. 만
약 점수漸修가 옳다고 여기는 학인學人이었다면, 언젠가는 반드시
알 수 있다고 말했어야 합당하다. 그러니까 수심결에 나타난 '순
백純白의 체념'은, 지눌의 숨겨진 면모이거나 진짜 면모다.

그 역시 마음을 닦는 자가 마음을 쉬는 자를 이기지 못한다
는 걸 통감했으리라 사료된다. 모든 꽃은 마음속의 꽃이고, 무언가

를 본다는 건 '무언가를 보고 있는 마음'을 보고 있는 것이다. 마음의 '바깥'을 내다볼 수 있는 자는, 없다. 동일한 맥락에서 인생은 얼핏 나아가는 것 같지만 마음 안에서 이리저리 떠밀리는 것이다. '나'를 이기겠다고 땀을 빼봐야, '나'는 더욱 독해지는 법이다. 오직 모르니, 그저 할 밖에.

성인聖人은 자유자재하다.
잘 나갈 때 우쭐대지 않고 못 나갈 때
기죽지 않는다. 세상만사가 그를 구속하지
못하니, 천당과 지옥이 그를 협박할 수 없다.

「혈맥론」

모든 자유는 조건적이고 가변적이다. 흡연자들에게 최대의 위기는 담배를 피
우지 못하는 상태다. 수형자들이 간절히 기대하는 자유는 우리가 지겨워마
지 않는 일상이다. 이렇듯 자유란 외부에 의해 제약되거나 축소되기 십상이
다. 그러므로 영속적인 자유를 느끼고 싶다면, 상황에 지배받지 않는 마음가
짐을 지니는 게 관건이다. "살다보면 이럴 수도 있고 저럴 수도 있다"는 마음
은 소탈한 마음이자 관용의 마음이다. 불성佛性이란 이런저런 껍데기를 벗어
던진 날것 그대로의 삶이고, 성불成佛이란 최소한에 만족할 수 있는 삶이다.

거룩하고도
눈물겨운
죽음

독살

최선의 복수란, 당신의 적과 같은 사람이 되지 않는 것이다.

– 아우렐리우스, 『명상록』

소설 『백경白鯨』은 허먼 멜빌 Herman Melville의 대표작이다. 원래 그는 부잣집 아들이었다. 하지만 아버지가 파산하고 죽으면서, 학교를 그만두고 배를 타야 했다. 상선의 선원과 군함의 수병으로서 태평양을 자주 오간 경험은, 그가 남긴 다양한 해양모험담의 소재로 쌓였다.

사실 오늘날에야 고전으로 통하지만, 멜빌의 생전에『백경』은 초판 3,000부도 빼지 못할 만큼 인기가 없었다는 전언이다. 〈필경사筆耕士 바틀비Bartleby〉는 멜빌이 끼니라도 이으려 어느 잡지사에 사정사정해 싣게 된 단편이다. 깡마르고 창백한 용모를 지닌 바틀비는, 빈곤과 실패에 시달리던 작가의 분신으로 보인다.

바틀비는 변호사 사무실에 고용돼 각종 법률문서를 베껴 쓰는 업무를 수행했다. 누구보다 성실하게 일하던 그는, 어느 날 갑자기 아무 일도 하지 않은 채 드러누워 버린다. 태업에 돌입한 바틀비는 "안 하는 편을 택하겠습니다I would prefer not to." 란 문장을 입에 달고 살았다. 상관의 정당한 지시를 번번이 거부하며 직장의 골칫거리로 전락했다.

변호사는 인간적이고 관대했다. 무엇보다 평온한 일상을 흐트리고 싶지 않았다. 최선을 다해 달래고 설득했지만 별무소용이었다. 결국 참다못해 해고 통보를 내리는데, 바틀비의 배짱은 대단했다. 해고마저 인정하지 않으며 책상에서 한 발짝도 물러나지 않았다. 끝내 '영업방해' 혐의로 구치소에 갇히게 된 희대의 막무가내는, 마지막까지 막무가내로서의 면모를 잃지 않았다. 식사도 "안 하는 편을 택하면서" 기어이 굶어죽은 것이다. 아무것도 하지 않을 자유를 선택한 대가는, 쓸쓸하고 비참한 죽음이었다.

무심, 마음을 상하지 않으려는
혼신의 몸부림

달마도에 나타난 달마의 얼굴은 하나같이 우울하다. 우울증을 심하게 앓는 시선으로 보면, 모든 것을 초탈한 도인보다는 상처 입은 짐승의 양각陽刻이 두드러진다. 상서롭기에 앞서 측은해 보인다. 아무도 다가오지 말라는 혐오의 눈빛엔, 아무에게도 다가가지 못하겠다는 공포가 섞여 있다.

그래서 벽관壁觀이란 것도 정진이기 전에 슬픔이다. 누구도 이해하지 못하는 늙은 이방인 승려에게 주어질 수 있는 소임이란, 하루 종일 벽을 바라보고 앉아있는 일이다. 인생의 가장 어두운 구석에 숨어, 죽음이 어디까지 왔는지… 애오라지 그것만 애타게 기다리고 있는 신약身弱의 모양새다.

달마가 삶의 지침으로 강조하고 전수했던 사행四行 역시, 절망을 치유하려는 오랜 사유의 처절한 결과물이다. 전생의 과보에 의한 고통을 달게 받고(보원행), 인연에 따라 그저 흘러가며(수연행), 아무것도 기대하지 말고(무소구행), 도리에 순응하는 삶(칭법행)이란, 결국 희망과 절연한 삶이고 무상無常과 뒤엉킨 삶이다. 그의 얼굴은 흉측하기에 앞서 뼛속까지 아리다.

달마의 무심無心은 실재나 완성형이 아니라, 진행형이고 갈구다. 존재의 비극성과 자아의 열등감을 유발하는 바깥 경계로부터, 마음을 상하지 않으려는 혼신의 몸부림이 엿보인다. 삶은 역경逆境의 연속이다. 벽을 아무리 관觀하여도 좀처럼 관關하지 못하며, 용케 관關하였다 하더라도 또 다른 벽이 막아선다. 뚫고 뚫어도 밑바닥은 뚫리지 않는 법이다. 그러므로 궁극의 무심은 죽음뿐이다. 이러한 사실을 달마도 절실하게 느끼고 있었던가 보다. 그는 너무 지쳤다. 그의 죽음의 형식은 거의 자살에 가깝다.

그때에 위씨魏氏가 불법을 받들어 고명한 스님들이 가히 숲을 이루었다. 그 가운데서도 광통光統 율사律師와 보리유지菩提流支 삼장三藏이 발군이었다. 그들은 달마 대사가 법문을 설할 때마다 형상을 배척하고 곧바로 마음을 지적하는 것을 보고 매양 시비를 걸었다. 더구나 대사의 현묘한 덕화가 대중의 인기를 얻으니, 이를 시기해 음식에 자주 독약을 넣었다.

－『전등록』

....
달마를 암살한 광통과 보리유지

서기 534년 북위北魏가 동서로 분열됐다. 달마가 입적하기 2년 전이다. 동위는 창덕彰德을 서위는 장안長安을 도읍으로 삼았다. 두 나라 모두 불교를 섬기고 아꼈다. 동위를 계승한 북제北齊도 마찬가지였다. 특히 문선제文宣帝는 강남의 양무제에 비견될 만한 불자였다.

달마가 동쪽으로 온 까닭은 교리적 관점에서 보면 의견이
분분하다. 반면 정치적 관점에선 단박에 정리된다.
신이란 헛것이며 이데올로기는 헛소리라는 걸 민중에게
일깨우기 위해서다! 부처는 황제나 상전이 아니라,
"부처를 믿는다는 당신들의 마음이 부처"라는
이 한 마디를 전하려고, 3년에 걸쳐 인도양을 건넜다.
그러나 아무리 마음이 부처라손, 스님이란 사람이
'부처님'에게 절을 하지 말라고 가르쳤으니….
참다운 법의 전수 이전에 '실정법' 위반이다.

    도살을 금했고 주州마다 선원禪院을 세웠으며, 국사國師인 스
님이 입궐하면 엎드려 맞이했다.『속고승전續高僧傳』에 따르면 문선
제 재위 시 전국 사찰의 수는 4만 승려의 수는 300만이었으며, 국
가 재정의 3분의 1을 불교에 썼다.
    광통 율사와 보리유지 삼장은 이 시기에 활약하던 고승대덕
이다. 광통의 본명은 혜광慧光인데, 광통은 승단의 총책임자인 국
통國統에 임명되면서 붙게 된 별칭이다. 지론종의 개조이자 율종의
중흥조로서『화엄경』,『열반경』,『유마경』을 강론하면서 수많은 주
석서를 남겼다.
    이와 함께 보리유지는 북인도에서 건너온 역경승譯經僧이었

다. 무려 39부 127권의 경전을 한문으로 옮겨 펴냈다. 경율론經律論 모두를 통달했다는 삼장三藏이란 훈장만으로도, 그의 눈부신 이력이 입증된다.

불교는 그들에게 권력이었다

이렇듯 정사正史에 나타나는 두 스님은 공통적으로 지혜롭고 박식하며 청정했을 것이다. 아울러 그에 걸맞은 권위와 권위를 지켜줄 문중도 확보했다. 황제에게서도 존경을 받았으니, 호화로운 노후생활은 확실했다.

바꿔 말하면 일개 외국인 선객禪客에 지나지 않았던 달마를 죽여야 할 하등의 이유가 없었던 것이다. 다만 불교는 그들에게 신앙이나 학문을 넘어 권력이었다. 동시에 '부처님'이란 헛것이며 예불과 독경은 헛소리라고 이야기하는 달마는, 몹시 위험한 빨갱이였다.

살인적인 경쟁과 합리적인 착취를 골간으로 한 신자유주의가, 모든 이념과 사조를 삼켜버렸다. 이데올로기Ideology란 특정 사회집단의 사상·행동·생활양식을 근본적으로 제약하는 관념과 신조의 체계를 뜻한다. 이데올로기의 핵심적인 특징은 스스로의 본색을 철저하게 은폐한다는 점이다. '신新자유주의'란 이름에는 경쟁에 따른 비명과 피 냄새, 착취에 따른 신음과 살의가 느껴지지 않는다. 실상은 최후의 1인에게 만인의 자유를 몰아주기 위한 치킨 게임이지만, '자유'는 설레고 '날마다 새로운 자유'는 벅차다.

이데올로기는 진화된 폭력이다. 무작정 두들겨 패고 돈을 빼앗는 이데올로기는 없다. 논리적이고 해박하며, 진지하고 예의바르다. 그럴듯하니까 대중이 군말 없이 복종하는 것이고, 멋지게 보이니까 대중이 자발적으로 봉사하는 것이다. 이데올로기는 선량하게, 군림한다. 이를테면 경제가 어려우니 허리띠를 좀 더 조르라고 국민들을 점잖게 격려하면서, 가뜩이나 줄어든 그들의 뱃살을 눈치 채지 못하게 조금씩 빨아먹는 식이다. 칼 마르크스는 "지배계급의 사상이 곧 지배사상"이라는 명언을 남겼다.

바틀비와 달마, '자기다움'을 꿈꾸다

고대사회는 공통적으로 신정神政이었고, 신학과 철학과 법학이 체제를 지탱했다. 신학으로 신이 있음을 전제하고 철학으로 신의 존재를 떠벌였다면, 법학은 신이 정한 현실을 고착시키고 강요하는 역할을 맡았다. 임금은 세세생생 임금이며, 노예는 죽었다 깨어나도 노예다. 진솔하게 말하면 신정을 빙자한 왕정이었고, 이데올로기의 연구와 전파는 소수의 특권층에게만 허용됐다. 선택받지 못한 백성은 선택받은 식자들이 보여주는 신만 봐야 했고, 일러주는 대로 믿어야 했다.

달마가 동쪽으로 온 까닭은 교리적 관점에서 보면 의견이 분분하다. 반면 정치적 관점에선 단박에 정리된다. 신이란 헛것이며 이데올로기는 헛소리라는 걸 민중에게 일깨우기 위해서다! 부처는 황제나 상전이 아니라, "부처를 믿는다는 당신들의 마음이 부처"라는 이 한 마디를 전하려고, 3년에 걸쳐 인도양을 건넜다. 그러나 아무리 마음이 부처라손, 스님이란 사람이 '부처님'에게 절을 하지 말라고 가르쳤으니…. 참다운 법의 전수 이전에 '실정법' 위반이다.

〈필경사 바틀비〉는 1853년 작이다. 바틀비가 근무하던 사무실은 미국의 경제중심지로 부상하던 뉴욕 월스트리트에 위치했다. 바틀비는 적자생존의 각축장에서 도태된 어느 소시민의 비극을 넘어, 보편적인 실존의 아이콘이다. 예컨대 살아있다면 혹은 살아있으려면 반드시 무언가를 해야 한다. 첫손으로 우선되는 과제는 살림이다. 그리고 하기 싫은 일을 해야 하고 만나기 싫은 사람을 만나야 하는 게 살림의 근간이다. 돈을 번다는 건 윗사람에게 더 많은 돈을 벌어다줘야 하는 일이며, 인간관계는 얼마간의 위선과 굴종을 기반으로 성립되는 법이다. 서민들에게 밥벌이는 참아내고 또 참아내야 하는 일이며, 생활의 안정은 자기다움을 포기하거나 파괴한 크기에 비례한다. 오직 살림을 위한 삶만이, 삶으로 인정받고 대접받을 수 있는 것이다.

바틀비의 지독한 무위無爲는 스스로를 혹사시키지 않고 누구에게도 이용당하지 않으려는 처절한 몸부림으로 읽힌다. 한편으론 다들 출발선에 서서 호시탐탐 1등을 노리는데, 경기 자체가 '주최 측의 농간'이라며 난리를 피우는 꼴이다. 운동장에서 드러내져도 할 말이 없다. 아무것도 하기 싫다면 죽어야 한다. 하긴 거부의 반복과 심화에서, 그의 죽음은 '농땡이'를 결심한 순간부터 예고돼 있었음을 헤아릴 수 있다. '자심진불自心眞佛'을 향한 바틀비의 고뇌와 저항에는, 잔뜩 인상을 구기고 있는 달마의 얼굴이 비친다.

너입네 나입네 따지고
으르렁거리지 않겠네

독살 시도는 무려 다섯 차례에 걸쳐 집요하게 이뤄졌다. 그때마다 가까스로 위기를 넘기던 달마는, 여섯 번째 독약을 맞닥뜨리자 순순히 마시고 절명했다. "교화할 인연도 다 하였고, 법 전할 사람도 만났으므로, 스스로 독약으로부터 자신을 구하지 않고 대사는 단정히 앉아서 갔다. 이때가 병진년(536년) 10월 5일이었다."(『전등록』)

달마는 중국에서의 전법이 이런 식으로 끝나리란 걸 예감하고 있었다. "부디 중국에 오래 머물며 널리 교화를 해달라"던 양현지에게 일찌감치 독살을 예언했다. 양현지가 분개해 "제가 스님을 위해 적들을 제거해드리겠다"고 했다. 이에 달마는 "부처님의 법을 전해서 어리석은 무리를 이롭게 하겠다는 자가, 나 편하자고 남을 해쳐선 안 된다."고 말렸다. 다음은 '아서라'면서 달마가 남긴 최후의 게송. 도대체 무슨 의미인지 알 길이 없는 난해한 시인데, 암살자가 누구일지를 은근히 토설하는 암호라는 견해가 참신하다.

강 위의 뗏목이 옥처럼 맑은 물결을 가르고	江槎分玉浪강사분옥랑
홈통 속에 햇불을 비춰 쇠고리를 연다.	管炬開金鎖관거개금쇄
오五자와 구口자를 같이 행하는 이는	五口相共行오구상공행
구九자와 십十자에 분별하는 생각이 없다.	九十無彼我구십무피아

　　강과 뗏목은 각각 흐름[流]과 버팀[支]의 속성을 띤다. 더불어 '玉浪(옥랑)'은 언뜻 三藏(삼장)과 비슷한 모양의 글자다. 그러니 보리유지 삼장. 또한 햇불은 빛나고[光] 관管은 곧 통筒이다. "광통이 억지로 내 입을 열어 독약을 털어넣었다"는 고백으로 읽힌다. 여기까지만 보면, 보복이 두려운 자의 소심한 고백쯤으로 치부될 수 있다. 물론 나머지 구절에서 용서와 초연의 몸짓이 확연히 드러난다.

　　오구五口는 '나 오吳'자를, 구십九十은 '마칠 졸卒'자를 파자破字한 것이다. "(그들이) 나와 함께 불법을 펴다 시샘하는 마음으로 서로 싸웠지만, 죽음에 다다르니 너입네 나입네 따지고 으르렁거릴 필요를 느끼지 못하겠다"는 해석은 거룩하고도 눈물겹다. 바틀비가 고분고분 죽어줌으로써, 이기기 좋아하고 뽐내기 좋아하는 세상의 '질서'를 보호한 것처럼.

아모르 파티Amor Fati, 운명을 사랑하라

**너무나도
시시한 부활**

....
불사不死, 가장 강력한 권력

　　제우스는 신들의 왕이다. 질투도 제왕적이었다. 미소년이었던 엔디미온이 아내인 헤라를 흘끔거리자, 평생토록 잠을 재우는 형벌로 응징했다. 아예 추파를 던지지 못하게 영원히 눈을 감겨버린 것이다. 의처증은 대부분 남편의 바람기에서 비롯된다. '도둑이 제 발 저린다'는 교훈을 참조하면 이해가 쉽다.

　　헤라는 걸핏하면 다른 여자와 정을 통하는 배우자를 다그치고 감시하는 일로 결혼생활을 보냈다. '화냥년'들에 대한 복수도 처절하고 집요했다. 제우스의 사생아였던 헤라클레스는 헤라의 저주에 사로잡혀, 실성한 채로 자신의 처자식을 죽여 버렸다. 아울러 제우스가 구사하던 마법의 상당한 분량은, 내연녀와 내연녀가 낳은 혈육을 본처로부터 지키기 위해 쓰였다. 좌충우돌의 치정극은 제법 흥미진진한데, 고고한 신들의 삶이라기엔 일견 볼썽사납다.

껌을 오래 씹으면 물렁해진다. 비슷한 맥락에서 모든 생명은 죽는다. 태고의 법칙이고 예외가 허용되지 않는 순리다. 술주정뱅이 아버지 밑에서 자란 아들은, 아버지 같은 아들은 되지 않겠다면서 술주정뱅이가 된다.

그리스 신화에 등장하는 신들은 인간만큼이나 시샘이 많고, 간혹 인간만도 못한 치기를 들킨다. 가끔은 몽매하고 심지어 허랑방탕하기까지 하다. 그럼에도 그들이 인간의 부러움을 사는 이유는 오로지 하나, 불사不死의 존재이기 때문이다. 아무리 치사해도 죽지 않으며, 죽지 않으므로 살고 싶다는 생각에 괴로워할 필요가 없다. 죽음을 피하기 위해 갖은 노력을 기울이고서도 끝내 죽고 마는 인간과는, 종자가 달라도 한참 다른 어르'신'들이다.

예수 그리스도의 부활이
기독교를 만들다

불교의 교리적 근간은 불이不二이며, 이는 생사관에도 적용된다. 삶과 죽음이 다르지 않다는 확신 덕분에, 붓다는 삶에 집착하

"아모르 파티Amor Fati."'운명을 사랑하라'는 의미의
라틴어로, 니체의 인생관을 극명하게 드러내는 용어다.
운명의 필연성을 긍정하고 흔쾌히 받아들일 때,
비로소 인간 본래의 창조성을 발휘할 수 있다는 '힐링'의
언표다. 쿠오바디스라는 화두를 향해 외치는, 개성 넘치는
무신론자의 사자후이기도 하다. 달마가 말한 보원행과
수연행도 결국은 운명애運命愛로 귀결된다.
고난을 감내하고 인연에 순응하다보면, 고난을 극복할 수
있고 인연에 얽매이지 않을 수 있는 힘을 얻게 마련이다.

. . . . . .

. . . . . .

. . . . . .

지도 죽음을 무서워하지도 않았다. 살아있다는 상태란 육체적으로
는 지수화풍地水火風 사대四大의 일시적인 모임이며, 정신적으로는
색수상행식色受想行識 오온五蘊의 임의적인 작동일 뿐이었다. 그리
고 인연이 다하면 사대오온은 속절없이 이지러진다. 몸뚱이는 거
름이 되고 마음은 바람이 된다.

　유교 역시 생사를 기氣의 집산集散으로 봤으며, 죽어서 기가
흩어지면 다시 돌아올 수 없다고 여겼다. 다만 육체와 분리된 영혼
은 영혼으로서 존재한다고 믿었기에, 성대하게 장례를 치르고 때
마다 제사를 지내기는 한다. 불교 또한 무속과 습합하면서 망자의
혼령을 극진히 모시는 풍습을 얻었다. 물론 영혼을 영혼으로써 존

중할 따름이다. 그가 또 다시 육체를 받아 이 땅에 돌아오리라 믿는다면, 무당에게 속고 있는 자다.

부활절은 교회력에서 가장 오래된 축일祝日이다. 죽은 사람이 되살아난다는 부활復活의 개념은 단연 서양의 기독교 전통에서 두드러진다. 알다시피 예수 그리스도의 부활이 기원이다. 십자가에 못 박혀 죽었던 예수가, 무덤으로 들어갔다가 사흘 만에 소생해 하늘로 올라갔다는 이야기로부터, 기독교의 2000년 대서사가 시작된다. 예수는 부활함으로써 자신이 초인超人이자 신의 아들임을 입증했으며, 그의 부활이 없었다면 기독교는 뿌리를 얻지 못했을 것이다. 사도 바울은 "만일 예수께서 부활하시지 않았다면 우리들의 선교는 헛된 일이며, 여러분의 신앙도 헛된 것"(『고린도전서』)이라고 말했다.

고금의 보수적인 크리스천들에게 예수의 부활은 은유나 전설이 아니라 엄연한 사실이다. 이를 사실로 믿어야만 신도가 될수 있고, 이를 신도들에게 잘 가르칠 줄 알아야 목사로서 존경받는다. 더불어 예수의 부활로부터 인류의 구원이 전제된다. 궁극적으로는 예수와 같이 선량하고 강건하게 인생을 살아낸 뒤에, 그가 머물고 있는 절대적 평온의 세계에서, 영화로운 사후死後를 보내겠다는 것이 기독교 신앙의 근원이고 동력이다. 여하튼 부활이란 동아시아 쪽에선 낯선 개념인데, 달마가 부활했다고 하는 일화는 무척 생뚱맞다.

서기 536년 음력 12월 28일 달마의 영결식이 중국 하남성
웅이산熊耳山에서 엄수됐다. 근린의 정림사定林寺 경내에 시신을 묻
고 그 위에 탑을 세웠다. 독살을 당했으나 큰스님으로 남았으니 반
쯤은 호상好喪인 셈이다. 도가 높았던 만큼 탈도 많았던 삶은, 억조
창생億兆蒼生의 그것처럼 그렇게 잊히는 듯했다.

그러나 달마가 죽은 지 3년 뒤, 인생무상의 이치를 거스르
는 일대 사건이 송운宋雲이란 벼슬아치의 눈앞에 펼쳐졌다. 북위의
사신으로서 서역에 출장을 다녀오던 송운이, 총령蔥嶺에서 달마를
마주친 것이다. 총령은 '세계의 지붕'이라 불리는 파미르고원으로,
히말라야산맥과 연결돼 있다. 눈 쌓이고 바람 부는 험준한 산길을
달마는 걸어서 넘어가고 있었다.

희한하게도 어깨에 걸쳐 멘 주장자拄杖子에, 짚신 한 짝을 건
채였다. 그는 맨발이었다. 3년 전에 죽어 뼈다귀만 남았어야 할 사
람이 멀쩡하게 살아있자, 송운은 아연실색했다. 엉겁결에 "스님,
어디로 가십니까."라고 물었다. 이에 달마는 "서역으로 돌아가오."
라고 짧게 답한 뒤 "그대의 군주가 이미 세상을 뜨셨소."라고 소식
을 전하고는 유유히 사라졌다.

달마와 작별한 송운은 잰걸음으로 귀국했다. 과연 효명제는
승하하고 효장제孝莊帝가 즉위한 상황이었다. 기담奇談을 전해들은

200

새 황제가 깜짝 놀라 달마의 무덤을 열어보게 하니, 빈 관 속엔 짚신 한 짝만 놓여있었다. 황제의 명에 따라, 남은 신발은 소림사에 공양했다. 훗날 당나라의 제8대 황제였던 대종代宗은 달마에게 '원각圓覺 대사'란 시호를 내렸고 탑은 공관空觀이라 불렀다.

달라도 너무 다른
예수와 달마의 부활

부활이란 기적은 예수에게나 달마에게나 동일하게 일어났다. 하지만 부활 이후의 양상은 자못 판이하다. 예수는 스승의 부활 소문을 전해 듣고 몰려온 제자들에게, 자신의 부활이 사실임을 증명하려 노력했다. 양손과 양발에 찍힌 십자가 못 자국을 만져본 제자들은, 예수가 진짜 구세주였음을 확인하며 환희와 감동에 떨었다. 그리고 변화했다.

로마황제로부터 역적의 끄나풀로 몰려 죽임을 당할까 노심초사하던 '중생'들은, 불굴의 투사로 다시 태어났다. "성령이 너희에게 임하면 너희가 권능을 받고 예루살렘과 유대국 전체와 사마리아와 땅 끝까지 이르러 내 증인이 되리라."(『사도행전』)는 예수의 유언을 받들어, 죽음을 각오한 전도에 나섰다. 전 세계를 향한 이들의 복음화는, 2000년이 지난 오늘날까지 치열하고도 끈질기게 진행되고 있다.

이에 반해 달마의 부활은 상대적으로 매우 조용하고 밋밋한 편이다. 달마는 "내가 부활했으니 나를 믿고 따르고 섬기라" 하지 않았다. 심지어 자기가 부활했다는 것조차 제 입으로 말하지 않았다. 놀란 건 상대방이었고, 그는 언제나처럼 무덤덤했다. 아무도 부활을 몰랐고 알리려 하지도 않았다.

예수의 부활은 신화창조였으나, 달마의 부활은 밤에 자다가 아침에 일어난 정도의 일상사였던 격이다. 어쩌면 원래부터 죽지 않았었다는 듯 아니면 부활이 뭐 그리 대단한 일이냐는 듯, 달마는 그냥 가던 길을 갔다. 언제든 다시 돌아올 것처럼 혹은 아예 중국으로 온 적이 없었다는 것처럼…. 지극히 홀연하고 무애하다.

누구도 예수가 될 수 없지만,
달마는 누구나 될 수 있다

"스님, 어디로 가십니까."라는 송운의 질문에는 '쿠오바디스Quo Vadis'의 향기가 짙게 풍긴다. 1896년 헨리크 시엔키에비치Henrik Sienkiewicz가 지은 장편소설의 제목으로, 1951년 헐리웃이 소설을 영화화하면서 더 유명해졌다. 『요한복음』에 나오는 전체 구절은 "쿠오바디스 도미네Domine.", '주여, 어디로 가시나이까.'라는 의미의 라틴어다. 참고로 송운의 물음은, 당시 중국에 성서가 유통되고 있었을지 모른다는 풍설에 잠깐이나마 귀 기울이게 한다.

하여간 예수의 수제자였던 베드로가 이렇게 묻자 예수는 "내가 가는 곳에 네가 지금은 따라올 수 없으나 후에는 따라오리라"고 답했다. 예수는 이렇게 말하고는 천상天上에 임했다. 반면 달마는 승천하지 못하고 땅에 남았다. 히말라야를 맨발로 걸었으면서도, 고작 집으로 돌아갔다. 그의 부활은 요란하지 않아서 좋지만, 어쩔 수 없이 쓸쓸하다.

불사不死보다 부활이 더 극적이다. 죽음이라는 최종이자 최악의 인간고를 극복해낸 경험인 덕분이다. 기독교의 발단과 흥성에서 보듯, 부활이란 소재는 가공하고 윤색하기에 따라 엄청난 위세와 영향력을 갖는 상징체계로 성장시킬 수 있다. 하지만 지나친 자기비하 탓인지 제자들의 무관심 탓인지, 달마의 부활은 그가 들고 간 헌신짝처럼 버려졌다.

한편으로 이렇게 '시시한' 부활은 '두두물물頭頭物物이 부처'라는 조사선祖師禪의 기본정신을 닮았다. 기독교는 수직적이지만 조사선은 평면적이다. 예수는 인간을 초월했지만, 달마는 인간에 만족했다. 달리 말하면 누구도 예수가 될 수 없지만, 달마는 누구나 될 수 있다는 것이다. 달마는 신이 되지 않음으로써, 저마다의 소소한 삶이 저마다에겐 소중한 삶임을 일깨웠다.

##########################
후회가 남는다면,
##########################
다음 기회를 노려라

"신神은 죽었다."는 최고의 '카피'를 남긴 프리드리히 니체 Friedrich Nietzsche는, 인간은 아무리 노력해도 피안에 닿을 수 없다고 일갈했다. '영겁회귀永劫回歸'는 니체의 사상을 꿰뚫는 핵심 개념이다. 삶은 마치 동그라미처럼 영원히 계속된다는 의미다. 특히 순환이나 환생과도 전혀 다른 차원이다. 죽으면 다시 태어난다는 것까진 그냥저냥 괜찮은데, 이제까지 살아온 인생을 똑같이 반복해야 한다는 것이다.

한 치의 오차도 없이 과거의 행로를 동일하게 밟아야 하며, 어림반분어치 없이 전생의 불행을 감당해야 한다는 주장이다. 영광스런 부활이 아니라 잔혹한 부활이다. 참으로 '영' 터무니없고 지레 '겁'을 먹게 하는 가설인데, 이는 니체에 우호적인 후대 학자들에 의해 새롭게 해석되는 추세다. "너의 삶을 한 번 더 살아도 좋다고 여길 만큼, 후회 없이 살아라."

"아모르 파티Amor Fati." '운명을 사랑하라'는 의미의 라틴어로, 니체의 인생관을 극명하게 드러내는 용어다. 운명의 필연성을 긍정하고 흔쾌히 받아들일 때, 비로소 인간 본래의 창조성을 발휘할 수 있다는 '힐링'의 언표다. 쿠오바디스라는 화두를 향해 외치는, 개성 넘치는 무신론자의 사자후이기도 하다. 달마가 말한 보원행과 수연행도 결국은 운명애運命愛로 귀결된다. 고난을 감내하고 인연에 순응하다보면, 고난을 극복할 수 있고 인연에 얽매이지 않을 수 있는 힘을 얻게 마련이다.

　어쩌면 달마가 니체보다 한수 위다. 인생을 다시 살고 싶다는 바람은, 대개 욕심이거나 회한의 마음이다. 영겁회귀라는 해괴한 공상을 펼칠 만큼, 니체의 일생은 각종 내과적 질병과 사회적 무명無名에 시달렸고 말년엔 극심한 정신질환을 앓았다. 이와 달리 달마는 맨발로 설산을 등반할 정도로 신체가 건강했다. 휴거와 신격화라는 엄청난 특혜도 사양한 점에선, 견고한 정신이 인증된다. '후회 없이 살아야 한다'는 강박관념조차 떨쳐냈을 것으로 보인다. 전생에 지었던 빚을 갚느라 순순히 죽었던 그다. 내생도 그 다음 내생도 달갑게 받아들일 내공을 충분히 축적한 생애였다. "네가 원하든 원치 않든 너의 삶은 계속된다. 후회가 남는다면, 다음 기회를 노려라."

맨발을
위하여

짚신 한 짝
주장자에
걸어 메고

....
짚신이 부처님이다

알다시피 짚신은 근대 이전의
유물이다. 하지만 제2차 세계대전 당시 독일군이 짚신을 신은 적
이 있다. 1941년 6월 22일 독일이 소련을 침공했다. 히틀러와 군
수뇌부는 10월까지 작전 종결을 장담했다. 러시아의 혹독한 추위
에 대한 방책은 뒷전이었다. 예상은 턱없이 빗나가 겨울이 되어서
도 종전終戰은 오지 않았다. 발이 언 병사들은 점령지 주민들에게서
두터운 짚신을 구입해, 군용 장화에 덧신었다는 전언이다.
　짚신의 대가로 마을 사람들에게 내놓은 건 담배 한 갑과 돼
지고기 한 조각. 무엇보다 침략군과 침략당한 나라의 백성 사이에

서, 정상적인 상거래가 이뤄졌다는 사실이 놀랍다. 전쟁 속에서 핀 사랑까진 아니어도, 꽤나 따뜻한 에피소드다. 또한 윗분들의 야욕에 떠밀려 객지에서 고생해야 하는 군인들에겐, 그 짚신이 부처님이었을 것이다.

짚신을 부처님으로 섬긴 일화는 우리나라 쪽에서 목격된다. 신라 말기, 어느 젊은이가 무염無染 선사 아래로 출가해 시봉하고 살았다. 밥을 짓기 위해 아궁이에 솥을 걸었는데, 무염은 솥의 위치가 잘못됐다며 건건이 트집을 잡았다. 무려 아홉 번이나 다시 걸게 했으나, 청년은 단 한 번도 군소리를 하지 않았다. '아홉 구'에 '솥 정', 구정九鼎이란 법명이 붙게 된 연유다.

그만큼 구정은 우직했지만, 무식했다. 어느 날 "즉심卽心(마음이 곧)이 부처다."라는 무염의 법문을 '짚신이 부처다'로 잘못 알아들었다. 구정은 무염을 절대적으로 신뢰했다. 스승이 허튼 소리를 할 리가 없었다. '짚신이 부처다'를 화두 삼아 한 우물 파듯 정진한 끝에, 비로소 도통했다. 도통의 내용은 알 수 없다. 다만 깨달음은 지식과 분별이 아니라 믿음과 정성으로 이뤄진다는 걸 일러준다.

짚신 한 짝 들고 고향으로 돌아간 달마

보리달마의 짚신도 선가禪家에서 유명한 이야기다. 달마는 바닷길을 통해 중국에 들어왔다. 귀갓길은 도보를 택했다. 짚신 한 짝을 건 주장자를 어깨에 메고, 히말라야를 횡단했다. 떠나왔던 서역으로 걸어서 돌아가는 이 장면은, 〈척리서귀도隻履西歸圖〉란 이름의 회화로 그려졌다. 머리까지 덮는 망토를 뒤집어쓴 달마는 음울하지만 낭만적이다. 인기 있는 달마도 가운데 하나다.

한편 부활 소식에 놀란 중국인들은 달마의 관을 열어봤다. 주검은 간 데 없고 짚신 한 짝만 덩그러니 놓여 있었다. 신발을 신지 않고 들고 갔다는 점, 그것도 한 짝이었다는 점, 나머지 한 짝은 중국에 남겨뒀다는 점, 맨발로 설산을 걸었다는 점…. 하나같이 기이한 행동들이다. 9년간의 여정을 마치면서, 몸으로 화두를 남긴 격이다.

짚신 한 짝을 들고 서역으로 돌아가면서 다른 한 짝은 중국에 남겨뒀다는 건, 전법傳法의 완수를 의미하는 것으로 보인다. 다음은 혜가를 2조로 인가하고 그에게 『능가경』을 건네면서 읊조린 게송이다. 동쪽으로 온 이유와 동쪽의 전망을 담은 한시다.

내가 본래 이 땅에 온 것은 　　　　吾本來玆生오본래자생
법을 전해 어리석은 이들을 제도하기 위함이었다.

　　　　　　　　　　　　傳法救迷情전법구미정
꽃 한 송이에 다섯 꽃잎이 필 것이니　一華開五葉일화개오엽
열매는 자연히 맺어지리라.　　　　結果自然成결과자연성

꽃 한 송이는 달마 자신 혹은 진리를 일컫는다. 다섯 꽃잎은

2조 혜가慧可, 3조 승찬僧璨, 4조 도신道信, 5조 홍인弘忍, 6조 혜능慧能까지 달마의 대를 이은 조사들을 가리킨다. 그리고 『육조단경六祖壇經』의 '경經'이라는 극존칭에서 알 수 있듯, 혜능은 조사선을 완성한 인물이다. 이후 6조를 필두로 무수한 도인들이 출현해 그야말로 선禪의 황금시대가 열렸다. 구태여 자기가 직접 관리하지 않아도 동쪽에서 선법禪法이 흥하리란 걸, 달마는 진작부터 알고 있었던 것이다.

부활보다는 맨발에 주목해야

남은 짚신 한 짝을 들고 서역으로 돌아갔다는 건, 고향에서도 포교를 지속하겠다는 서원으로 여겨진다. 최종적으로는 불교의 제1조인 석가모니 부처님의 인도와, 28조인 자기가 다녀간 중국 사이의 법맥法脈이 면면히 이어지리라는 보증이다. 가져간 신발과 남겨둔 신발 사이에는, 사상적 은선隱線이 그어져 있다.

이렇듯 전법의 완결과 계승에 대한 확신이 '척리서귀'의 주요한 의의 가운데 하나라고 매듭지을 수 있다. 반면 왜 굳이 맨발로 돌아갔는지의 내막은 오리무중이다. 발끝에 저며왔을 한기가 아찔하다. 그래도 신발 한 짝만 신고 걸으면 불편하니까? 혹은 타고난 체력자랑? 아무래도 신발 없는 발은 고역이고 위험이다.

서역西域은 인도나 서아시아가 아니라 서방정토西方淨土로 해

발에 대한 연민은, 더러운 만큼 미더운 '밑바닥'에 대해
생각하게 한다. 지상에 차고 넘치는 시체들을 먹어
치워주는 곰팡이는, 지구의 듬직한 청소부다.
'분해자'는 인간의 생태계에도 있다. 대통령과 위정자는
수시로 바뀌어도 도시는 언제나 깨끗하다. 최저임금만
줘도 감지덕지인 사람들이,
부지런히 닦고 쓸고 쓰레기를 치워준 공덕이다.
위대한 나라를 만들겠다고 떠드는 자들은,
대개 자기 집안과 주변만 위대하게 만들기 십상이다.
그러나 세상을 세상답게 떠받치는 건 미물이고 하층이다.

．　．　．　．　．　．　．　．

．　．　．　．　．　．　．　．

．　．　．　．　．　．　．　．

석할 수도 있다. 곧 달마 역시 예수와 마찬가지로 극락으로 올라
갔다는 은유로 읽을 수 있는 대목이다. 그러나 시간상의 오류로 인
해, 부활 자체가 낭설일 수 있다. 예를 들어 정사正史에는 효명제가
서기 528년에 죽은 것으로 나와 있다. '혈맥론' 편에서 밝혔듯 친
모가 독살했다. 그런데 『전등록』은 달마가 입적한 해를 병진년(536
년)이라 명시했다. 송운이 달마와 조우한 해는 539년이다. 결국 효
명제는 이미 11년 전에 죽은 사람이다.

　　송운은 최초 518년에 각종 불적佛籍을 구해오라는 효명제의
명을 받들어 서역으로 떠났다. 중간 중간 귀국하기도 했다. 결정적

으로 아무리 오래 외국에 머물렀다손, 일개 승려가 죽었다는 것을 아는 사람이 조국의 황제가 죽었다는 걸 몰랐을 리 없다. 곧 달마의 부활은 의문의 기록이다. 물론 『전등록』의 불성실한 감수監修를 탓하거나 달마의 신성성에 흠집을 내자는 건 아니다. 요지는 부활이 아니라 맨발에 주목해야 한다는 것이다.

세상을 세상답게 떠받치는 건
미물과 하층

발은 가장 학대받는 동시에 가장 천대받는 신체부위다. 몸의 맨 아래에서 온몸이 내리찍는 무게를 견딘다. 삶은 얼핏 머리와 손과 입이 주도하는 듯하지만, 발이 움직여주지 않으면 돌대가리에 백수白手에 공염불에 불과하다. 많이 걷고 많이 일할수록 발은 녹초가 된다. 하중과 피로에 지친 덩어리에게 주어지는 유일한 자유란, 발가락을 꼼지락거리는 일뿐이다.

더구나 이토록 고생하는 발이지만, 누구도 발을 거들떠보지 않는다. 여자의 발이 예쁘다 해서 군침을 흘리는 남자는 드물다. 게다가 다들 신발에 양말까지 겹쳐 신어 발을 꽁꽁 숨기고 다닌다. 가뜩이나 덥고 답답한 발을 더욱 덥고 답답하게 괴롭혀야만, 사람은 안전하게 살아갈 수 있다.

발에 대한 연민은, 더러운 만큼 미더운 '밑바닥'에 대해 생각하게 한다. 지상에 차고 넘치는 시체들을 먹어 치워주는 곰팡이는, 지구의 듬직한 청소부다. '분해자'는 인간의 생태계에도 있다. 대통령과 위정자는 수시로 바뀌어도 도시는 언제나 깨끗하다. 최저 임금만 줘도 감지덕지인 사람들이, 부지런히 닦고 쓸고 쓰레기를 치워준 공덕이다. 위대한 나라를 만들겠다고 떠드는 자들은, 대개 자기 집안과 주변만 위대하게 만들기 십상이다. 그러나 세상을 세상답게 떠받치는 건 미물이고 하층이다.

문제는 누군가가 이렇게 푸대접을 받고 짓밟혀야만 사회가 안정된다는 것이다. 설산의 지독한 냉기와 강퍅한 질감을 감내한 달마의 맨발은, 미물과 하층에 대한 연민이자 서러운 숙명에 대한 대속代贖이다. 발이 개고생을 해줘야만 나머지 몸의 부분들이 편안하듯이. 누군가가 살려면 또 다른 누군가는 죽어줘야 한다는.

발의 욕됨으로 지탱되는 세계의 빛남

곽시쌍부槨示雙趺. 염화미소拈花微笑 그리고 분반좌分半座와 더불어, 삼처전심三處傳心의 일화 가운데 하나다. 부처님이 세 번을 거듭해 마하가섭에게 법을 전했다는. '염화미소'는 부처님이 대중 앞에서 말없이 꽃을 들어보이자 오직 가섭만이 그 뜻을 알고 빙그레 웃어보였다는 일이고, '분반좌'는 법회에 뒤늦게 도착한 가섭을 나무라는 대신 부처님이 자기 자리의 절반을 내어주고 앉게 한 일이다.

　'곽시쌍부'는 부처님이 열반한 직후 벌어진 사건이다. 임종을 지키지 못하고 부랴부랴 장례식에만 참석한 가섭을 위해, 부처님이 관 밖으로 두 발꿈치를 내보였다는 설화. '지각대장'에게 왜 그리 선심을 베풀었는가 싶지만, 사실 가섭은 외지에서 치열하게 고행 중인 상황이었다. 그의 늑장은 정진精進의 뒷면이었다.

　이미 원적에 든 부처님이 몸을 움직였다는 점에서, 곽시쌍부는 달마의 부활만큼이나 전설적이다. 특히 부처님이 죽어서까지 단단히 되새기고 싶었던 최후의 유언인 셈이다. 죽어버린 두 발꿈치는 가섭을 후계자로 삼겠다는 마지막 하명下命이었다. 당신은 10대 제자 가운데 지혜제일 사리불 혹은 설법제일 부루나 심지어 최측근에서 보좌했던 다문多聞제일 아난타를 제쳐두고, 가섭을 가장 뜻 깊게 여겼다. 가섭은 두타제일頭陀第一이라 불렸다. '두타'란 속세의 번뇌를 여의고 이리저리 떠돌면서 온갖 괴로움을 감수하고 불도를 닦는 것을 뜻한다. 어쩌면 자신과 같이 발로 뛰는 수행자였기 때문일 것이다.

　부처님이 보드가야에서 깨닫고 난 뒤, 최초의 전법은 바라나시에서 이뤄졌다. 다섯 비구를 교화하기 전에, 보드가야에서 바라나시까지 무려 200킬로미터를 걸었다. 이후에도 발에 의지해 말씀을 남기고 중생을 거두며 교단을 만들었다. 부처님의 멍들고 부르튼 발이 없었다면, 팔만대장경으로 대변되는 말들의 성찬盛饌은 현존할 수 없었다. 부처님 역시 이렇듯 발의 욕됨으로 지탱되는 세

계의 빛남을 가르쳤다. 그토록 모질고 더러운 발을 달마의 맨발이
이어받았다.

....
맨발이 부처다

말 이전에 발이고 천리 길도 한걸음부터다. 발이 삶을 세우
고 걸음이 역사를 만든다. 심금을 울리는 휴먼스토리는 대개 맨발
의 도전이고 상흔이다. 차를 타고 가는 몸은 걸어가는 몸을 안쓰럽
게 여기거나 멸시한다. 성스러운 것들은 오점과 악취를 허락하지
않는다. 초라한 것들을 시켜 부지런히 쓸고 닦게 한 덕분이다. 그
러나 사회의 머리가 되었다고 으스대는 자들이라도, 하나같이 발
의 기억을 갖고 있다.

그러므로 순례巡禮의 대상 이전에 순례의 주체인 발을 돌아
볼 필요가 있다. 발에 대한 존중은 본성으로의 회귀다. 무좀은 삶의
노정을 제대로 밟아가고 있다는 증거이며, 발 냄새는 인생을 정직
하고 성실하게 사는 자들의 언어다. 달마는 짚신을 발에 신지 않고
들어 보임으로써, 발의 진중함과 발과 같은 존재들의 소중함을 일
깨웠다. 우리, 발처럼 살자.

달마의 행적은 맨발로 집약된다. 일단 맨발로 고향에 돌아갔
다. 그의 도저한 침묵은, 삶에 핑계를 대거나 허영을 바라지 않는
발의 뭉뚝함을 지녔다. 간간히 그리고 간신히 내뱉은 법문은 하나

같이 발이 되라는 주문이었다.

　어차피 누구의 인생이든 처음이자 마지막은 발이다. 신발을 신고 자가용을 사지만, 끝내는 짚신을 벗어야 할 날이 오고야 만다. 그 짚신을 흔쾌히 남에게 주고 후련하게 떠날 수 있다면. 오늘도 가장 낮은 음지에서 우주의 중력과 도시의 소음을 운명의 땀내로 받아들이며, 걸어가거나 기어가고 있다. 발에도 날개가 있음을 느낀다.

불행하라 오로지 달마처럼

2014년 9월 29일 초판 1쇄 발행

지은이 웅연(熊硯)
펴낸이 박상근(至弘) · 주간 류지호 · 편집 김선경, 양동민, 이기선, 이길호
디자인 김효정 · 제작 김명환 · 홍보마케팅 허성국, 김대현, 박종욱, 한동우 · 관리 윤애경

펴낸 곳 불광출판사 110-140 서울시 종로구 우정국로 45-13, 3층
　　　　대표전화 02) 420-3200 편집부 02) 420-3300 팩시밀리 02) 420-3400
　　　　출판등록 제1-183호(1979. 10. 10.)

ISBN 978-89-7479-066-0 03190

이 도서의 국립중앙도서관 출판시도서목록(CIP)은
서지정보유통지원시스템 홈페이지(http://seoji.nl.go.kr)와
국가자료공동목록시스템(http://www.nl.go.kr/kolisnet)에서 이용하실 수 있습니다.
(CIP제어번호: CIP2014027163)

* 책값은 뒤표지에 있습니다.
* 잘못된 책은 구입하신 서점에서 바꾸어 드립니다.
* 독자의 의견을 기다립니다. www.bulkwang.co.kr